나의 감옥

김낙필 시집

오늘의문학사

국립중앙도서관 출판시도서목록(CIP)

나의 감옥 : 김낙필 시집 / 지은이: 김낙필. -- 대전 :
오늘의문학사, 2014
p. ; cm. -- (오늘의문학시인선 ; 343)

ISBN 978-89-5669-650-8 03810 : ₩10000

한국 현대시[韓國現代詩]

811.7-KDC5
895.715-DDC21 CIP2014032755

나의 감옥

지인들의 글

'낙필'
내 마음이 갈곳 몰라 하거든
나무기둥에라도 붙잡아 매달란다.
구멍뚫린 청바지에
짓궂게 캡모자를 눌러쓴
그의 못말리는 소년스러움은
분명 내가 훔치고 싶은 종목이다.
나도 이왕이면 근사하게
추락하고 싶은 타나토스의
열망을 갖고 있다.
여기 '낙필' 시인화가처럼 말이다.

… **고영화(시인)**

시인은 살아서 천년, 죽어서 천년을 산다는 나무로 만들어져 삐걱대는 계단을 밟아 하늘로 오르며 마법의 시상(詩想)을 펼쳐 내고 있다.

시인이 오르고 있는 나무계단은 천년의 장구한 세월,

찬연했던 햇살의 영화와 더불어 가지를 찢어 놓았던 거센 폭풍의 아픔들도 고스란히 기억하고 있었기에 시인의 발아래서 삐걱대는 신음을 내지르며 시인과의 교감을 시도하였고 이에 시인은 그 소리에 귀 기울여 순간 발화하는 하얀 자작나무껍질을 매개로하여 뜨거운 불꽃의 마법으로 오르는 걸음마다 화려한 불꽃놀이를 펼쳐내며 독자들의 심장에 감성의 마법을 걸고 있다.

… **고청명(시인)**

그의 시는 삶의 그물에서 매일매일 건져올리는 펄떡이는 생선이다.

어떤때는 매콤한 매운탕처럼 톡 쏘고
때로는 담백한 지리처럼 은근한 맛이 나기도 한다
간혹은 뱃전에서 바로 떠먹는 횟감처럼
입에 착 달라붙으며 이슬이 한 잔을 부르기도 하니 결코 물리는 법이 없다.

… **김명옥(서양화가)**

두번째 시집 출간을 축하드린다
선생님을 떠올리면 '시인화가 김낙필', '플로리스트', '주부9단', '청년' 이라는 단어들이 연상된다.
하지만, 내가 선생님을 가까이서 뵙기 훨씬 이전부터 불리어진 '필 온니' 만큼 선생님의 부드러운 카리스마를 표현할 적절한 단어는 없을 것이라 생각한다.
따뜻한 눈으로 바라 본 세상이 시가 되고,
그림이 되고, 봉사로 이어지니
동아리 모티브의 회장으로, 인생의 선배로
내겐 훌륭한 스승이시다.

… **김수경(인물화가)**

만약 生에서 가슴젖는 삶이 없었다면
그의 詩集은 머리 맡에 두는 일은 없으리라.
詩가 日常이고 日常이 詩가 되는 듯한…
어느날은 내가 詩가 되어 있었고
또 어느날은 그가 나의 隱喩가 되어
버티고 있었다.

… **미츠키(나고야 박물관)**

시인의 시를 감상하다보면
그가 살아온 삶의 뒷모습을 상기하게 하고
작가 스스로가 마치 다 채우지 못한 애상을
시상의 소재로 삼아 깊숙한 내면에서 우러나오는 그 무엇들이 동시대를 살아온 독자들의 마음을 과거를 회상케 하는 추억의 길로 안내하는 듯 하다.

… **민유경(서양화가)**

김낙필 시인은 음악을 듣고, 책을 읽고 영감을 받아 시를 자주 쓴다. 가보지 않고도 등장하는 지구별의 도시, 등장하는 인물이 생생하게 업그레이드 된다. 상상력을 발휘한 미지를 관통하는 통찰력이 대단하다.

… **박가월(시인)**

가슴 한켠 자리잡았던
언젠가 눈길이 갔던
그런 일상의 감성들을 움찔이게 하는 사람,
김낙필 시인의 글이다.

… **서혜경(서양화가)**

詩와 畵의 同行
사람과
앞에

… **석창우 화백(한국화)**

그의 시는 쓰고 달고 시고 맵고 짜다.
어느날은 삶을 초월한 사람처럼 다가오다가
또, 어느 날은 애정결핍 증상을 보이며
뜨겁고 처절하고 적나라한 나신으로

헐벗고 온다.
그러다 언제 그랬느냐는 듯
꽃 한송이 피지 않는 차가운 겨울이 되어
구멍난 바람처럼 날을 세워 서있다.
하루가 다르게 냉탕 온탕을 들락거리게 하고
고요와 적막을 옷처럼 걸치고 다니다가도
바람으로 나풀거리는 그의 시속에는
늘 외로움이 장승처럼 서 있고
반 평생 풀지 못한 수수께끼같은 사랑은
심장에 매듭으로 묶어 부적처럼 품고 다닌다.
시인은 사랑하기 위해 태어난 사람처럼,
자신의 삶도 사랑의 성벽 속에 가둬놓은 채
자유롭게 맘껏 풀어내고 있다.
어쩌면 시인은 글을 핑계삼아 사랑이라는 성안에 영원히 갇히고 싶었는지 모른다.
바오밥 향기가 짙게 묻은
별이 되어 떠도는
그의 빛나는 시를 본다.

… **유미란(시인)**

결코, 文人의 사치도 생존도 아니었다.
어느 날 격식없이,
그가 차린 금요일 저녁 식탁에 초대된 듯
'김낙필' 냄새 진동하는 글곡에서는
충실함과 방랑을 넘나드는 자유와
마주하게 된다.

… **유예린**

김낙필 시인의 시는
요즘 나온 시들처럼 난해하거나 어렵지 않고
잘 익은 홍시빛처럼 친근감으로 다가온다.
도시의 남자로 살면서도
삶과 자연에 대하여 통찰력을 가진 시들은 지루함이 없고 한폭의 수채화를 떠올리게 하는 마력을 지니고 있다.
따뜻한 창가에서 커피 한잔과 잘 어울리는 시들이다.

… **윤인환(시인)**

내 삶의 쉼표같은 … **이경희(도예가)**

시처럼 살고, 시처럼 놀고, 시처럼 베푸는 화가시인… 김낙필 작가님…^^

… **이영일(서양화가)**

살아가는 일이 버겁고 상처받은 짐승처럼 움츠러들 때마다 따스하게 위로의 말을 건네주는 듯한 시들이다.

… **자운영(쉐프)**

일상을 그림 그리듯 표현해 내는 시인의 감성은
한 단계 더 높은 작품성으로 나타나고
독자들의 시선을 한없이 머물게 하는
그런 시인이다.

… **전성재(시인)**

인간의 본질을 적나라하게
자연의 순리를 심도있고 과감하게 표현하는
이 시대의 진솔한 내츄럴리스트다.

… **정명석(서예가)**

그를 만나면 누구든 자발적인 팬이 된다.
배려와 편안함을 한가득 던져 주시니
우리는 무방비상태가 된다.
단숨에 읽혀지는 글은 그의 따뜻하고 시린 분신이기 때문이다.
마주하고 있는 또 다른 나의 이야기일지도 모르겠다.

… **조승희(서양화가)**

강물이 제 소리를 내는 듯
가을 하늘이 자기 얼굴을 보이듯
언듯 보는 그의 글에서는
마음 아픔이 나온다.
우리 모두 그렇지만

… **춘양목**

그는 마술사다.
남들이 그리 어렵다하는 글도,
남들이 그리 어렵다하는 그림도
그의손을 거치면 마법이 걸린 듯
맛깔 나게 변한다.
그는 미술세계와 문학의 세계를 마음대로 넘나드는 마술사임이 분명하다.
내 옆에 있는 어떤 이는 김낙필 시인의 글에서 인생의 향기와 감칠맛을 느낀다고 한다.
내 생각도 역시 그렇다.

… **한인수(서양화가)**

그의 시는 젊다. 동해바다보다 더 깊은 원해의 등푸른 생선처럼 힘차다. 폐활량 깊은 심해의 물고기처럼 감춰둔 숨결도 있다. 맛은 잘 고아낸 사골 우려낸 진함의 풍미. 상식을 벗어난 일탈의

문장과 생각조차 잘 보듬을수 있는 연륜 덕분에 날것 아닌 깊이 있는 시심과 만날 수 있다.

… **함순영(서양화가)**

어떻게하든 돌아서 돌아서
인생은 온갖 역경의 끝이라고 말해줍니다.
나이 듦을 겸허히 말하게 합니다.
시인의 시와 함께 또 한번 가을을 기억합니다.
세월을 바람타고 가듯

… **황순례(서양화가)**

차례

2부 色들의 무덤

3부 어디쯤일까

1부

당신의 유효기간을 통보합니다

당신의 유효기간을 통보합니다

채이기 전에 먼저 차십시요
지금이 찰 때입니다
당신이 차지 못하면 오히려 차입니다
당신의 유효기간이 끝났기 때문입니다
가난해서 내게 해줄 게 없으면
알아서 물러나 주셔야지요
해줄게 개뿔 아무것도 남아있지 않잖아요
어디 사랑이 맨입, 맨몸만 갖구 됩답디까
자꾸 이러시면 서로 구차해집니다
눈치없는 그대에게
유효기간이 종료됐음을 정중히 통보합니다
이번주 내로 마음 정리해 주세요
그동안 많이 섭섭해도 참았습니다
여기까지… 도와드립니다…

그 여자

얼마만인가
그 여자를 불러보는 호흡이
손등에 굵은 핏줄이 도드라지고
목주름이 치렁치렁 할 햅번 같은 여자
아프리카 오지는 아니더라도
어느 산간 간이역에서 노숙자와 탁주 한 사발을 마주놓고
넘어가는 햇살도 모른 채 히히덕거릴 여자
내가 사랑했던 여자는 바람처럼 살아간다
들풀처럼 거칠고 불살처럼 뜨거운 여름 한복판
쭈쭈바 한 개를 입에 물고 나풀거리며 걸을 여자
행여 낯선 여행지에서 넘어가는 저녁놀을 바라보다 마주치면
환하게 웃으며 안겨줄 여자
아직도 철이 안 들어 한숨밖에 안 나올 행적이지만
상처란 상처는 다 안고 살아가는 여자
얼마만인가…
그 여자의 호흡으로
그 여자의 걸음으로
그 여자의 실없는 마음으로
멀고 긴 여정의 모퉁이에서
지금도 생각하면 눈시울이 뜨거울
가슴 시린 그 여자……

나는 익어가질 못한다

세상을 관조하며 산다는 것
얼마나 잘 익어서 숙성되면 가능할까
요즘 마음 한켠 툇마루에 자주 앉는다
눈 덮힌 산능선을 무심히 바라보는 일과
쉬익 휘몰이 장단의 바람소리를 담고
지구 반대편으로 자주 눕는 일이 어제 오늘 일은 아닌데
베게섶이 젖어 있기도 하고
쉽사리 잠을 못 이루는 것은
아직도 만사가 첩첩 시름인 듯도 하다
익어가는 중인가
썩어가는 중인가
세상을 세상답지 않게 보는 일이 어디 쉬운 일이겠는가
나의 툇마루는 오늘도 햇살이 기우는데
나는 도무지 익어가질 못한다
세상은 자꾸 개판치며 놀자고
쑤석거린다

낯선 거리에 상흔처럼 그 남자의 얼굴이 별처럼 찍혀 있다

라떼를 마시는 사람 앞에서 아메리카노 밖에 모르는
단순한 사람, 커피 맛을 모르는 사람, 무식한 사람
막걸리는 서울장수, 국순당, 포천 이동막걸리, 배상면 주가
동네마다 빚은 막걸리가 부지기 지천인데
당신은 왜 꼭 서울 장수막걸리만 마시는지 모르겠다
질마재 넘기 전 증평시장에서 산 덕산 막걸리가 명품이더구만
고집인지 아집인지 대꼬챙이 같은 속이 평생 구부러지질 않는다
암덩이가 식도까지 차고 올라와도
참아낸 세월이니 강물이 아니겠던가
그 거리도 낯설지가 않아
공덕동 족발 골목에서 눈물 뿌리던 그 사람이 생각난다
오죽하면 칼을 들고 사랑하는 사람을 베겠는가
장수 막걸리도 좋고 진로 빨강딱지도 좋고 진탕 취하지 않고는
맨 정신으로 살 수 없는 세상
부드럽던 세상이 왜 이리 팍팍해졌는지 슬프다

자정까지 고개 꺾고 눈물 뿌리던 사내에게서 연락이 왔다
"상무님! 화요일 저녁 공덕동 족발집 괜찮죠?"
"L 사장도 나오기로 했어요…"
"응…그날 저녁은 시간이 돼…"
낯선 거리가 정다운 거리가 되는 날 그 거릴 잊지 말아야지
심장에서 눈물이 흐른다

소식 없으면 목 맨 걸로 알라던 사내에게서 문자가 왔다
“화요일날 공덕동 족발집에서 여섯시반요…”
그와 싸울 준비가 됐다…자신이 생겼다
어떻게든 살려내야 한다
낯선 거리에 상흔처럼
그 남자의 얼굴이 별처럼 찍혀 간다

나쁜 놈

그 인간을 똥구덩이에 묻고 돌아온날 자정
어구적어구적 쌍추쌈에 삼겹살만 내내 생각할 테다
너 같은 건 안 적도 없고 연심을 품은 적도 없듯 말이다
그런데 왜 가슴이 뻥 뚫린 것처럼 시리냐
그토록 미움받던 것도 사랑이라고 착각하는 거냐
그 인간을 죽이고 돌아온 그 저녁에 너무도 아팠다
삼겹살 한근의 무게가 천근만근 였던 것이
사랑의 무게였던 것이냐
빌어먹을 삼겹속에 새끼 손톱만한 뼉다구가 들어있어
어금니도 쪽이 떨어져 나가고
너 때문에 기분이 완전히 맛이 가 버렸다
해산간 하듯 미역국 한대접을 마셔버리고
남은 배다리 막걸리를 나발 불어 버렸다
그런데 왜 자꾸 눈물만 나냐
사람이 그 인간밖에 없는 것도 아닌데
왜 그 인간 아니면 안 되는 건지 깝깝하다
왜 지구가 거꾸로 도는 것 같으냐 그 말이다
뒷간에 앉아 지나간 행적을 추억한다
뜯어가고, 빌려가고, 약속도 안 지키고, 관심도 없고
받은 건 콩알 한톨 없는데도 왜 그 인간이 자꾸 밟히는지
무슨 조화속 이냐구… 미친거지…
몸엔 그 인간의 행적만 남았다
그 인간이 남기고 간 발자국을 세어가며 화장실에서 울었다

문신으로 남을 그 인간의 행적
아무쪼록 꿈이기를 바란다
깨어나면 다시 시작할 수 있을 사랑에게 소원한다
"제발 나만을 아끼는 좋은 남자 만나게 해 주세요."
코를 휑하니 풀고 뒷간을 나와 주방으로 갔다
냉이와 달래를 넣고 바지락 된장찌개를 끓일 참이다

어느새 그 인간이 곁으로 다가와 속삭인다
연희야! 내가 냉이 된장국 좋아하는것 어떻게 알았어?
천사의 목소리처럼 들린다
나쁜 놈……

늙은 시인의 일기

小鳥 샘이 날 향해 카톡을 날리셨다

"근데요…샘…"
"샘 바람둥이 맞으시죠?…"

이 돌직구가 왜 그렇게도 상쾌한가…

별 볼일없는 무지랭이 신분이
수직 상승하는 순간이다

내게도 이런 기막힌 날이 올 줄이야

나는 자신있게 카톡을 날렸다

"네~~ 맞아요^^…"

갑자기 小鳥 샘이 좋아지기 시작했다

그렇게 살고 있을 거야 다들

사연마저 없는 이가 있을까
저마다 가슴 속에 사연 하나씩은 심고 살겠지

때로는 울 수 없어서 가슴만 젖고
때로는 숨고 싶어 가슴만 태우는
그런 속앓이 하나쯤 가슴 한 켠에 품고 살겠지

산다는 게 녹록치 않아 쉽게쉽게 살 수도 없고
속상하고, 억울하고, 허망해서
애 탈 때가 한두 번 아닐 테지

그렇게 살다 보면 세월은 어느새 서리 내리고
문득 어느 날 '회심곡'이 마음에 와 닿는 날
그날은 저무는 저녁놀 조차 예사롭지가 않을 꺼야

살다 살다 그렇게 혼자 지쳐서
술 한잔 놓고 넋두리만 웅얼거릴 때
사연들은 더 깊이 속으로만 숨고
살면서 사연 없이 사는 이가 누구 있을려구

누구든 저마다 말 못할 사연 하나쯤
깊은 가슴 속에 묻어 두고 웅웅거리며
그렇게들 아마 살고 있을꺼야
어디 나만 그렇겠어
다들 그렇겠지

루씰의 남자

칫솔 위에 하얀 치약이 얹혀져 있을 때가
제일 행복하다는 사내는 참으로 불쌍하고 측은하다
그게 뭐 그리 대단한 일이라고
그깟것 백개라도 칫솔과 치약만 있으면 십분이면 되겠구만
참 별 희안한 작자도 다 있다
평생 소금으로만 이빨 닦아봤나
랜드로바 사막용 사륜구동에 출구가 어딘지 알 수 없는
35층 penthouse에서 집사(執事)두고 사는 게 꿈인 사람하고는
행복 가치 기준이 너무 다르다
이런 한심한 작자의 꿈은 뭘까?
집도 절도 없는 행려자가 아닌 다음에야
어찌 사내가 돼갖고 꿈도 야망도 없이 살았을까나

루씰은 자연같은 이 사내를 그래도 사랑한다
까짓것 칫솔 위에 치약만 짜놓으면 되는데 뭘

남자는 연락선도 없는 섬에서 혼자 산다
모진 풍랑과 폭풍과 싸우며 산다
치약이 없을 때는 바닷물로 양치질을 한다
세수비누가 없을 때는 하이타이를 풀어 세안을 한다
세상 밖으로 나가는 일은 결코 없다
세상과 맞짱뜨며 평생 앓고 있는 사내

루씰은 이 남자를 사랑하므로
일년에 서너 번쯤은
칫솔모에 새하얀 불소 치약을 얹어준다
그리고 알몸 청소도 해 준다
그리고 함께 자연으로 돌아간다

이젠 삶에 많은 것이 필요하지 않습니다

한 때는 삶에 많은 것이 필요했습니다
집도 필요했고 차도 필요했고 여자도 필요했고
돈도 필요해서 벌어 들이느라 노력했습니다
그리고 그 이후로는
그 많은 것들을 소비하는데 평생을 보냈습니다
벌은 것들을 소비하느라 평생이 걸린 것이죠
사람들은 아직도 더 벌어 들이느라 고생합니다
더 많이 쌓아 두려고 노력합니다
지고 갈꺼냐고 비난 하면서도
그 축적의 탐욕을 쉽게 그만 두지 못합니다
저는 지금 이렇습니다
옷도 더 필요치 않고
신발도 지금 있는 것 만으로도 충분합니다
먹을 것도 냉장고 속의 것이면 족합니다
돈도 딱히 쓸일이 없습니다
자장면값에 인스탄트커피 한잔값 버스비 정도면
불편할 일이 없습니다
요즘 제게 필요한 건 따로 있습니다
저와 같이 자장면을 함께 먹어줄 사람이 필요하고
차를 마시며 해해댁 거릴 사람이 필요합니다
같이 그림 그릴 사람이 필요하고
함께 글을 읽을 사람이 필요하고

같이 노래할 사람이 필요하고
천변을 같이 걸어줄 사람이 필요합니다
내 삶에 이제 많은 것들이 무의미해져 갑니다
세상 모든 것의 가치가 평가 절하되는 것이죠
나 역시도 무지랭이처럼 작아져 갑니다

재물 같은 건 쓸데가 없어졌습니다
적조할 때 내 곁에 있어 줄 그런
사람이 훨씬 더 필요해질 때가 된 것이죠
사람은 군중 속에서 혼자가 될 때
제일 외롭고 두려운 것이니까요

사랑의 슬픔

오늘은 그림을 접고 시가 쓰고 싶어서 책상머리에 앉았습니다
AndyWilliams의 Charade음률을 걸어놓고 모로코의 뒷골목을 걷습니다
가죽 썩는 냄새가 나고 영영 나가지 못할 미로 같은 휘어진 길을 걷습니다
누군가는 내게 가보지 못한 수많은 길을 가 본 것처럼 쓴다고 비아냥 거립니다
그렇지 않습니다
나는 밤마다… 새벽까지 우주시공을 따라 여행하며
막다른 골목에서 헤메기도 하고
절벽끝에 주저앉아 울기도 합니다
그 상처가 잠에서 깨어나면 선연합니다
그 문신 같은 상처가 궤적이 아니고 무엇이겠습니까
혜담언니, 소원언니… 저는 그렇게 밤마다 낯선거리,
낯선도시를 헤메고 다닌답니다
따라와 보시지 않으셨잖아요
그 막다른 골목에서 절망해 본 적도 없으시잖아요
나는 그렇게 산답니다
코끼리와 바오밥나무와 구다리바바와 혜정스님과 개코원숭이와…
그러니 제가 안 가고 못 가본 곳은 이세상 천지에 없지요

나는 지구 반대편 그들을 슬프게 사랑합니다
그들의 벽 뒤에서 늘 살았습니다
지금 저는 콘돌을 타고 태양의 나라로 갑니다
저를 놀리지 말아주세요

오늘은 배신하고 싶다

햇살 가득해 천변 걷기가 좋다
鶴 한마리 유유히 다리꼬고 강바닥에 꽂혀있다
마치 한국화처럼
시간이 멈춘 고요한 오후를 간다
그냥 묵화(墨畵) 속 행자처럼 간다

폰 전원을 껐다
가장 사람을 사람답지 못하게 만드는 물건
오롯히 인간이고 싶을 때는 소음이 싫다
세 시간을 기다려도 좋고, 종일을 기다려도 좋던
그 어느시절 지나간 시간들이 그립다
삼경이고 자정이고
진동하는 카톡 신호음이 때론 끔찍해질 때
지독히 고독하고 슬픈 인간들

천변엔 겨울햇살 가득하다
추운 바람과 천둥오리와 이름모를 학 한마리
언 강바닥으로 잉어떼는 유영한다
요물단지에 몽땅 홀려버리는 나날을
오늘은 배신하고 싶다

슬픈 계절이 시간의 숲을 지나가고

시간의 숲을 거슬러 간다
빛나던 젊음이 무기였던 한 시절
깔깔대던 웃음 하나로 모든 게 용서되던 그 계절엔
국화꽃 보다 더 향기로워 눈이 부셨다
지금 거울 앞에 선 초라한 가을모습
그대도 내가 아니므로 용서가 안 되고
문밖에 있는 나도 그대에게 아무것도 아니리니
타인으로서의 삶이 이럴진대 무슨 인연이 소용 있었으랴
숲의 길은 어디론가 자꾸 가기만 한다
뒤돌아보면 아지랑이처럼 아른거리고
가슴깊이 흐르는 강물처럼 아련해져서
사람의 생애가 길 위에 한마리 외로운 새 같다
무서리 지는 가을 광야에 홀로 서있을 누가
나 일지도 모를… 허수아비 들판에서
가며오며 사람들은 묻는다 행복했냐고
생로병사가 행복의 척도가 아니려니
죽도록 사랑하며 살았다고 말했으면 좋으련만
그대의 눈총이 두려워 입을 닫으련다
뒤돌아 본다
슬픈 계절이 시간의 숲을 지나가고
거기 노란 자전거를 타고 가는 그대의 시간을 본다
뒷자리에 그대의 허리를 꼭잡고 속도 없이 웃고 있을
내 시간도 본다

구월

달력 한장을 또 뜯어냅니다
그게 무슨 대수냐구요?
아뇨… 가을냄새가 물컥나는 구월입니다
이렇게 좋은 계절을 주셔서 감사합니다
이렇게 좋은 세상사람들과 좋은 인연도 만들어 주셔서
고맙습니다
밖엔 아직도 매미울음이 우렁차지만
간밤엔 추워서 들창문도 닫았습니다
새벽녘엔 홑이불도 어깨춤까지 깊게깊게 덮었습니다
폭풍이 지나간 오랫만에 햇살에는 가을 기운이 선연합니다
요즘은 하늘 보는 재미에 살았습니다
푸른 우주에 뭉게구름, 새털구름, 양떼구름 어느 하나
아름답지 않은 것이 없었습니다
그 깊고 넓은 바다에 비행기도 떠가고 낮달도 떴었습니다
어릴때 보고 처음보는 하늘 구름들이 너무 신비롭고
황홀했습니다
그 님이 역사하신 하늘나라에 환쟁이들이 바뀌었나 봅니다
너무너무 잘 그렸어요
땅만 보며 살던 나에게 하늘보는 재미가 생겼다니까요
달력 몇장 떼어내는 일이 무에 그리 섭섭하겠습니까
오늘도 뭉게 구름을 보며 마냥 즐겁습니다
아름답고 깊은 구월입니다
이 모든것을 사랑합니다

문밖의 여자

쇄잔한 엄마가 날 알아보질 못한다
나도 녹슬어 가는데 구순을 바라보는 그네 쯤이야
세상을 아주 잊어가는 게다
주저리주저리 살았을 때의 속절없는 말들을
사그리 잊어가는 게다
사연 많았던 세상 모조리 정리하고
필시 새 세상을 맞으려는 게다
아름다웠다고 말할 수 없는
어쩔 수 없었다고도 말할 수 없는
잔인했던 세상
곧 가을 서리가 내리겠지
눈이 덮히겠지
그렇게 잊혀지겠지

노쇄한 노새처럼
엄마는 길을 잃으셨다
어쩌지…
어쩌지……

슬퍼서 행복하다

늘
나는 나를 슬프게 한다
우는 것을 좋아하고
아픈 것을 좋아한다
슬픔 속에는 나를 풀어놓는 자유가 있다
계절과도
삶의 과정과도 무관한 시간들을 사랑한다
얽매이는 것이 싫어서
풀어버린 자유와 함께 바꾼 무수한 상처들을
사랑한다
그 아픔들이 너무 소중하고 귀해서 미칠 지경이다
나는 완전한 인간이 아니기 때문에 좌절한다
그 좌절 끝 비애가 달콤하다

무엇으로 사는가 묻지는 마라
나는 알 수 없는 향기로 산다
누가 뭐라해도 내 냄새가 좋아서 사는 것이다
나를 슬프고 아프게 하는 모든 향기들을 사랑한다
너도 싫고 나도 싫어서 슬퍼질 때
나는 비로서 행복하다

미치도록

그립고 안타까울 때
울고불고 난리치는
狂人처럼 그렇게 살아내리라

아프지 않은 것은 없다

늦은 저녁
제일쇼핑지하 〈장금이네〉 돈까스집에서 생돈까스를 먹고 있는데
옆 테이블에 앉은 오십대초반 부부가 생선까스를 먹고 있었다
남정네는 깍두기패처럼 네모낳게 생겨 먹었고
여인네는 가녀린 여염집 아낙 같은데
유니폼입은 폼이 쇼핑센터빌딩 청소를 맡아하는 여자 같다
오순도순 맛있게 먹다가 갑자기 남정네가 카운터에 대고
소리친다
"여기요 아줌마! 생선까스 만원어치만 싸줘요!"
그러자 탁자 치우던 알바학생이 쓸데없이 끼어든다
"일인분에 육천원이라 만이천원인데요…"
그러자 주방에서 주방장겸 사장이 핀잔하듯 말한다
"암마! 만원어치만 해드리면 되지 꼭 이인분을 해드려야 되냐?"
혼자 몰래 ㅋㅋ…하고 있는데
"그거 머 할려구?" 생선가스 먹던 마누라가 묻는다
남자… "엄마 갖다 드릴려구…" 헉! 여기서 감동이다
여자… "마누랄 그렇게 좀 생각해봐" 위험천만한 질투를 한다
남자… "지금 쳐먹고 있잖아!" 이건 좀 무시무시하다
여자… "깨갱……" 꽁지 내린다
두 분은 조용히 마저 남은 생선까스를 오순도순 드시는 중이다
부모에게 자식은 다 아프다
그러나 자식은 아니다
잘난 자식은 잘난 척하고 다니느라 부모는 항시 뒷전이고

저거 안 죽나 했던 저런 사고뭉치는
마누라 기죽여 호통치며 엄마껄 챙긴다
아마 이 모든 식대계산도 꽁지내린 마누라가 할 것이다
사내는 여자에게 평생 용돈 뜯어쓰며 사는 팔자 좋은 인간일 것
이므로

두 부부도, 알바도, 카운터사모님도, 주방장도
왠지 다 슬프다
생돈까스 썰던 나도 칼에 벤 것처럼 아파진다
왜 그런걸까…
지금은 강도 아프고, 나무도 아프고, 바다도 아프고,
땅도 아프니까

他人의 거리

나를 버리는 일처럼 쉬운 일은 없다
한번 버리고 두번 버리고 자꾸 버리다보면
나는 남지 않는다
버리는 일에 익숙하다보니 가볍기는 하다
날 대수롭게 여기지 않아서 좋고 시선조차 멀어져 편하고
잔 생각을 안 해도 좋으니 그만이다
밤이면 창가 그림자만 만지다 잠들고
창문 여는 일도 바람이 차가워 그만둬야겠다
나를 자꾸 눕히는 더러운 침대에서
글을 읽고, 쓰고, 노래하고 밤을 허비한다
남들은 곤히 잠든 새벽 부엉이 울음 울고
승냥이의 슬픈 울음을 듣는다
나를 버리는 일에 점점 익숙해져 간다
더럽게 버려져서 오물이 되고
썩어 거름이라도 된다면 오히려 좋겠다
인생은 더럽고 치사한 것
떠돌다 잠들 어느 이름없는 驛舍에서
사악한 인생사를 가만히 내려 놓으면 좋으련만
순례자의 길도 아니고 개뿔 무엇도 아닌 이 길은
정녕 곁가지 길일 뿐이더란 것이냐

누구도 참견하지 못했던 삶

도무지 아무도 말걸지 않던 짧은 생애
왜 아무도 다리 거는 이가 없었는지
도무지 알 수 없는 無心의 길위에서 헤메이다
버리는 일이 잘한 일인가, 못한 일인가
사람이 하는 일이 사람 사이의 일 말고
도대체 무슨 일이 있단 말인지
나는 모르겠다……

유월이 가면

'나탈리 망세'의 첼로 "悲歌"를 들으며 아침을 연다
그녀의 벗은 가랑이 사이에서 첼로가 우는 것을
첼로만의 음계로 보지는 말자
몸의 연주이자 그녀의 권력이자 권세이므로
내가 이 아침 바이올렛 화분에 물을 주는 것과
노란 배추속과 양파와 애호박과 감자와 대합 살과
다섯마리의 멸치와
매실청을 뿌리고 끓이는 아침 해장국과 무엇이 다르랴
가식과 은폐와 거짓으로 얼룩진 허방의 세월에서
첼로를 가랑이로 안는 절묘한 진실을 어찌 말하랴
창 밖에 비를 보며 헐렁한 세월에 밀려온 또 다른 나
한숟가락 밥을 넘기며 치미는 설움은 또 무엇이냐
인생은 정녕 웃기는 것이냐 아니냐
왔다 그냥 가자니 뭔가 아쉽고
또 봉인된 신의 권능이라도 풀자니 머리가 아프고
그러니 슬픈 게 인생이 아니더냐
머리 감고 이빨 닦고 생각없이 놀러나 나가련다
그러면 세월이 불평 없이 비껴 가주겠지
몸살이 오고 두통이 오고 입술이 바싹 말라 터지고
평생을 가뭄으로 메말라가는 인생들아
빨래가 중요하고
와이셔츠 다리는 일이 중요하고

애들 유치원 보내는 일
원어민 영어 가르키는 일
밥하고 국 끓이고 연속극 보는 일이
왠지 다는 아닌 거 같지 않니?
단 한번 평생 불 같은 일 한번 저질러보고 가자
'망세'처럼은 못 살아도

유월이 가면 장마가 오고
내 장마가 가면 남는 건 아무 것도 없어

루씰의 배반

네가 떠났을 때
나는 예감했다
수많은 유혹들을 너는 사랑할 거 라는 걸
건너지 말아야 할 강을 건너오면서 우리는 끝났다
어두운 터널을 뚫고 네온의 거리로 나온 너는
웃음을 팔고
사랑도 파는 사람이 됐다
孤島에서 외롭던 시절은 버렸다
많은 행인들이 너를 쳐다보며 박수갈채를 보내자
너는 스스로 별이 됐다고 생각했다
시간이 네게
헛껍데기 세월이 뭔지를 알려주리라
네가 외로울 땐
널 위로할 사람 하나 곁에 있었다
화려해진 너는 지금 수많은 군상과 함께 있다
너를 안아보려는 사람
너를 사려는 사람들

사랑이 변하는 게 아니라
사람이 변하는 거란다
네가 행복하다는 소식이 들릴 때마다
나는 안타깝다
돌아온다 해도
이미 배는 보이지 않는 강에 머물고 있기 때문에

변명은 슬프다

〈상뜨 뻬테르부르크 마린스키〉 극장에서
'백조의 호수' 공연을 기다리는 시베리아의 그 사내는
킬러일까 행려자일까
어느 시인처럼 정작 외로운 사람은 말이 없고
Haris Alexiou - Patoma(비가 내리네)의 선율 속에
외로운 골방에서 자판을 뚜드리는 그대의
가을만 점점 깊어가네
감 잎도 빨갛게 익고
이제 남은 건 까치밥이 되버린 세월뿐
기억도 추억도 잘려버린
삶의 온전한 완성은 죽음이라던
어느 철학자의 괘변처럼
걸음을 멈추고 서야할 때가 지금
굽높은 구두가 거치장스러워 맨발로 나선
거리는 온통 가시밭 그 통증이 향기로운 건
길을 멈추라는 것

깨달음은 한낮 몽상가의 착각
잃고 난 후에 밀려드는 자학(自虐)
정작 외로운 사람은 말이 없는데
뒤돌아봐도 발자취가 없으니
그만 떠나가라는 말… 말… 말…

* 권경인 "정작 외로운 사람은 말이 없고"에서

만다라의 터

세속을 등진 업둥이가 미친년 하나 데리고 사는
은비령 깊은 골짜기에 이런 天地가 있다
길도 없는 너와집
발가벗고 아궁이 앞에 앉아도 누가 뭐랄 사람도 없는
활활 타오르는 참나무 육신에
눈내리면 팔척 장신도 기어다닐 세상
필레약수 근처에는 은자당 신선도 살고
메주 삭고 술 익는 흙벽락에는 가랑잎 구르는 소리로
우주가 삭고… 또 익는다
봄이 오는 슬픈소리
오늘밤은 네가 사무쳐 눈이 내리고
소주병 푸른 그림자 너울 거리고
왼쪽 눈에서부터 눈물이 흐르면 빈 강이 흐른다
산골짜기에서 애타게 부르는 소리
달려가보면 하얀 눈위에 당나귀 발자국뿐
고독은 그렇게 신기루처럼 눈부시고
횡횡하던 소문도 잦아들쯤
남쪽 양지바른 곳부터 산철쭉 핀다
치마자락 펄럭이며 미친년 봄 창가소리 울고
여기는 세상밖 세상 고독의 문지방 너머
生을 구분할 수 없는 이역구만리 아수라의 절벽
세월을 거미줄처럼 가는줄 하나에 묶어놓고

한 生涯가 이렇듯 애달파서 걸음마저 운다
그대 사는 일이 막막하지 않더냐
무슨 미련에 더럽고 황폐하고 비루하게 버티느뇨
가자 밤이슬 맞으며 "比珍島"로 가자
푸른 달빛 황량한 능선 따라 백년의 약속 떨쳐버리고
엉덩이 서늘한 측간에서 우주의 계단을 오르자

루씰… 이제 한 생애를 놓아라
마치 미친것처럼, 용서한 것처럼, 신의 자비로움을 흉내내듯이,
구도자처럼 가자
저녁이 온다
별자리 위로 가장 오래된 침묵의 시간이 흘러서
종착역 曼陀羅의 터

은밀하게 그리로 가자……

아주 심심한 날

문틈을 비집고 들어오는 햇살이 날카롭다
아주 무료한 날처럼 갈라진 입술의 갈귀가 아리다
갈곳 모르는 북풍은 나뭇가지 사이를 돌며 거문고 울음 울고
누군가 창문을 두드리는 소리로 와줄 것 같아 가슴 조인다
"상트 페테르부르크" 여름궁전 분수 앞에는 시베리아님이 활짝
웃고 있다
"나타샤"를 만나고 싶으냐고 "강산"님이 물었다
묵묵히 아무도 대답이 없다 다행이다
음악도 아무 상관없이 흐르니 다행이다
지구별 여행을 떠난 철부지 40대 부부는 잘 있을까
벌써 피곤하고 지쳐서 "사그막골" 생각이 날지도 몰라
"그러니 집 떠나면 개고생이라고 했지!" 내 생각 날지도 몰라
황혼을 놓친 철부지 노인들이 꽁꽁 묶어 놓았던 슬픈 사랑을 한다
사람과 사람의 사랑이니 괜찮다
홀로 앓고 있는 게 아니니 괜찮다
언젠가 스치고 지나간 인연 하나 그렇게 만나는 것이려니
괜찮다! 괜찮다!
밤이 깊어 기어드는 바람이 맵다
호롱불 밝히고 아궁이에 참나무 장작 배부르게 지핀다
떠돌이 별로 가는 꿈을 꾼다
강 하구에는 꿈꾸는 별들이 가득하다
별을 낚는 사공들의 노래도 들려온다

조금만 사랑해서 쉽게 헤어지는 길을 택한 영리한 사람들의 나라에
형벌이 내려질 시간… 구경꾼들이 모인다
마교수는 말한다 이제 "아라비아"에 왔습니다
마음이 착한 여자와 펠라티오를 잘하는 여자와 섹스할 때 신음소리를 잘내는 여자와
손톱 발톱을 길게 기르는 여자와 속 눈섶이 검고 긴 낙타 눈섶같은 여자와 칠흑 같은
검은머리가 엉덩이까지 내려오는 여자와 얼굴은 엄청 못생겨도 금덩어리가 많은 남자가
일부 다처제로 사는 나라 여기까지 오는데 삼백년은 걸린 듯 싶다
바람도 길이 있는데 사람에게 길이 없으랴 그 길로 가자
문틈을 비집고 들어오는 바람이 맵다
아주 적적한 날처럼 바람의 갈귀가 매섭다
갈곳 모르는 바람은 창살을 두드리고
누군가 문밖에서 서성이다 갈 것 같아 아프다
이제 용서할 시간
내 안에 퇴폐한 문을 열자
망가지지 않기 위해서
아주 심심한 날을 위하여……

천원짜리 사람이 그립다

'자유시장'은 싱싱하다
산 꽃게가 버글버글 하고
꼴두기 횟감이 때깔좋고
소라, 전복, 전어, 가자미, 문어, 오징어, 대하, 멍텅구리
알타리 무, 고냉지 배추, 시금치, 대파, 실파, 부추, 미나리,
호박잎, 고구마순, 깻잎, 고추잎
새우젓, 밴댕이젓, 황새기젓, 오징어젓, 곤쟁이젓, 토하젓,
창란명란젓, 어리굴젓, 바지락 조개젓
줏어 담으려니 어이구 힘들어~~
바다 양식, 밭 양식에 마냥 눈이 즐겁다

시장통 천원짜리 잔치 국수집에 들렀다
나처럼 가난한 사람들만 오는 곳이다
할머니가 보건소 약을 드시기 위해 끼니 때우시는 곳
팔순 할배가 할 일 없이 돌아다니다 배고파 들르시는 곳
중년 백수가 빈주머니에서 오백원짜리 두 개 들고 오는 곳
잘 사는 아주머니들이 재미삼아 오는 곳
여학생들이 떡볶이, 튀김, 김밥, 오뎅 진탕 먹으러 오는 집
노숙자 아저씨 줄서는 공짜밥 쪽팔려서 오는 집
집 나온 애들 끼니 때우러 오는 집

이천원 짜리 바지락 칼국수를 시켰다

바지락도 싱싱하고 애호박 볶음 노란계란 고명까지 얹었다
홍두깨로 집에서 밀어 온다는 손 칼국수 가락이 쫀득쫀득 하다
소문난 칼국수집과 진배없이 맛이 좋다
이렇게 가난한 사람들 속에서 나도 가끔 가난을 느낀다
옆에 앉은 싱싱한 젊은이는 천오백원짜리 라면 백반이다
라면그릇에 밥 한 공기 쏟아붓고 겉저리 김치에 땀을 뻘뻘 흘리며
애식 중이다
한참 일 할 나이 젊은사람…앞으로도 한참 더 사셔야할 할매 할배
어르신들이 함께모여 만찬 중이다
나도 그들 귀퉁이에 한 식구다…

스페니쉬&이탈리안 레스토랑, 엘 플래어 그릴에서
'씨푸드 스튜'나 '빠에야', '안심스테이크'를 먹을 때
가난한 사람들과 가난한 이 자리
천원짜리 멸치국물 잔치국수 먹을 때가 더 행복 할지도 모른다
호박잎이랑, 알타리 무 두 단, 대파 한 단, 까나리 액젓 한 병을
사들고
집으로 향하는 마을 버스를 탔다
버스에 앉은 젊은 아낙 하나가 내 시장보따리를 흘낏 쳐다보며
난감해 하는 눈치다
그래도 나는 행복하고 즐겁다…
내 친구 J 사장은

'시장통 잔치국수 먹으러 가자' 하면
"너 왜그러니?" 하며 펄쩍 뛴다
물정도 모르는
못난 부자놈……

그대는 아직도 산 기슭에 머무는지요

저 산 모퉁이를 돌면
초가집 싸리담장 너머로 흰수건을 쓴 그대가
콩타작 하는 가을이 보일까요
조심스레 다가가면 발자국 소리를 기억할까요
해거름 내 그림자가 그대 발끝에 닿으면
그댄 어떤 모습으로 뒤돌아 볼까요
가을은 그대 뒷 모습처럼 맑고 청량한데
나는 아직도 산 모퉁이를 돌아들지 못하고
주저 거립니다
산 숲 그늘이 아득하게 길어지면 새들도
날개를 접고 울음을 멈춥니다
나의 그대는 밤이 오기 전에 장독대 뚜껑을 덮고
빨강 고추를 걷고 무말랭이를 걷고
지친몸으로 문고리를 잠금니다
부싯돌 소리가 들리고 등잔에 불이 켜지고
저 아련한 안개숲으로 님을 데려 갈 때까지
나는 여태 산 모퉁이를 돌지 못합니다
지루하게 산 기슭에 달이 뜨고 별이 집니다
내 발자국은 그렇게
봉당 앞 고무신 앞에 주저앉아 밤을 새웁니다

서리내린 아침
새들은 산기슭을 내려와 다시 울기 시작합니다

교보 앞에서 나는 울고 싶다

매일 쏟아내는 시
쏟아지는 시집
시는 죽었다면서 시인 아닌 사람이 없다
시인도 무지하게 많고 시집도 억수로 많다.
교보문고 베스트셀러 매대에 오르는 것은
에베레스트 오르기보다 힘든 일
문지나 문동, 창비 같은 쟁쟁한 출판사를 업거나
잘나가는 스타 시인 아니면
교보문고 매대에 삼일 버티기 힘들다는데
지방 출판사에 제돈 주고 펴낸 변방시인 시집을
감히 어디라고 머리통을 디밀겠는가
몇 년 푼돈 모아 만든 시집이라 알바 사서
부지런히 책 사들이자니 그럴 돈도 없고
반품창고에 쌓아두고 좀벌레 밥이나 되게 하는 수밖에는
방법이 없다
하면 교보문고 앞에서 정신줄 놓고
꺼이꺼이 울어야 하나
아니면 실성한 사람마냥
철지난 말춤이라도 추어야 하나
어찌해야 할지 그걸 모르겠다.

2부

色들의 무덤

어디쯤 가고 있을까, 내 영혼이

나이 들면 사그러들 줄 알았던 무언가가 요동을 친다
사는 게 무료해질 때
길목에서 떠억 버티고 섰다가
발목을 걸어 내동댕이쳐 버리는
어디쯤 가고 있을까… 그 영혼이
정열은 잠들었는데
차가운 대지위로 숙주같은 욕망
입맞춰 주마, 잠도 자주마
오늘은 용서하마 내일은 편히 잠들거라
욕정이 잠자리를 편다
시간의 궤적은 희미해져 간다
처진 어깨위로 한마리 새 앉아서 운다
울음소리가 가을 빗줄기와도 닮았다

삼경즈음 술에 취해 비틀거리는 사내 앞으로
천변길을 막고서는 남산만한 덩치 너는 누구냐
겁에 질려 육두문자를 내뱉고 밤새 발길질을 해대며 싸우다
새벽녘에야 훤히 뚫리는 길
빈 자리에 썩은 빗자루 하나 남아있다
길이 썩은 빗자루였는가
너는 내 발목을 잡고 늘어지는 세월의 찌꺼기
나는 널 걷어차 내는 무말랭이 같은 소인배…

가을 시인

한철
질펀하게 놀던 사내도 요즘은 가을이다
저도 양심이 있으니 노을일 수밖에
헌데 老사부께서는 아직도 쨍쨍하시다
열반에 드시기 전 막바지 행로일런지도 모른다
내가 질소냐 흉내내 보지만 심드렁해진다
것도 시절이 맞아야 노는 거니까
老사부 글의 코드가 요즘 흠뻑 '싸이'쪽으로 간다
명동도 좋아하시고 여자도 좋아하시고 탁주도 좋아하시고
노래도 곧잘 부르신다
가시던 길을 돌아오시는 듯 하다
나만 단풍에 물드는지, 낙엽처럼 지려는지
한철 파닥이던 비늘이 녹이 슬고
날개도 왕깃털이 빠져 날을 수가 없다
손가락만 아직 관절통이 없다
간재미회에 탁주 한 잔 걸치고 뉘엇거리며 집으로 돌아가는 길
하현달이 저리도록 시리게 떠 있다
올 가을은 수수밭으로 무서리가 얼마나 내리려나
괜한 사념에 몸을 부르르 떤다
시인들은 올 가을이 몹시 추울께다
어느 사내처럼…

刺客의 술

칼을 든 자객의 옷소매로 바람이 든다
칼 한 자루가 인생이며 식솔들의 밥그릇이고 사랑이므로
낙엽보다 서글퍼도 칼을 놓지 못한다
바람은 옷자락을 스쳐 죽은자의 머리카락을 쓰다듬는다
그림자 드리운 황혼녘에도 칼을 쓰러 나선다
닭털 같던 몸이 점점 무거워져도 바람을 타야 살 수 있다
서늘한 죽음 사이로
혈흔을 밟고 돌아서는 어둠 속으로
울밑 맨드라미 귓불이 유난히 붉다
칼부림이 무수한 죽음 사이로 간다
종내 그도 칼집에 칼을 넣지 못하고 쓰러질 것이다
희미한 사랑의 그림자처럼 스러질 것이다
칼을 쓰는 그대와
칼을 맞은 그대는 누구인가

술에 취하면
세상이 훨씬 쉬워 보인다
술을 깨고 나면 녹록치 않은 세상이다
그래도 가끔은 술에 취하는 일이 좋다

엄마의 식탁

안동 세도가의 집 구경길에
平民 某氏집 블럭담 안쪽으로 참죽나무가 순을 피우고 서있다
이도저도 작파하고 구경패에서 살며시 빠져나와
담벼락 따라 손닿는대로 마구잡이 순을 꺾었다
걸리면 낭패에 망신스러운 절도행각
꺾은 순을 한손으로 한껏 움켜잡은 손아귀가 뻐근하다
족히 큰 두단은 넘겠다
탐을내는 동행에게 한줌도 나눠주기가 싫었다
몽땅 꽁꽁 싸서 집으로 가져왔다
엄마가 계셨다면 당장 초고추장양념에 데치고 무쳐서
싸들고 달려 갈텐데
살아생전 봄기운에 기운 달리고 입맛 떨어질 때
입맛 돌리는 데는 최고로 치던 엄마의 봄나물 중에 하나다
독특한 누린내가 집안 가득 퍼진다
혼자 먹자니 우울하다
노린내나는 고수는 못 먹어도 누린내나는 참죽나물에는
헐레벌떡 밥을 비빈다
엄마가 주방에서 참죽나물을 조물조물 무치는 소리가 들린다
들기름 냄새가 고소하다
엄마 가신 지 180일 되는 초여름날
식탁에 엄마의 가죽나물(참죽나물)이 어느새
한보새기 올라와 있다

걸음마

유연하게 살려고 애를 많이 쓴다
삶이 뭉치고 결리지 않도록 조심하고 신경쓴다
어느날 부턴가 남의 눈치를 보기 시작했다
내 뭉침이 행여 고립된 유배의 길이 될까봐 걱정하기 시작했다
목을 축이는 법, 쉬어 가는 법을 새로 배우는 중이다
나보다 타인도 중요하다는 것도 생각하기 시작했다
어둠을 깨고 밝은 곳으로 나가는 방법을 알아가는 중이다
행여 늦지는 않았을까 조바심에 고심한다
흐르는 물길 끝에는 항상 드넓은 바다가 있었다
어둠속에서 별을 헤는 마음으로 흐르기로 했다
다시 늦은 걸음마를 배우기 시작한다

가랭이

엄마가 가신 지 백오십일째 되는 날이다
극심한 치매증상에도 엄마는 사타구니를 보이지 않으려고 끝까지 나와 싸우셨다
배변을 닦아내려고 애쓰는 나에게 가랑이를 열지 않으려고 무진 애쓰셨다
변기에 앉으면 엄마의 앙상한 가랑이가 떠올라 눈시울이 뜨거워진다
부끄러움에 찡그리면서 애원하던 모습이 처연하다
아들이 누구인지 알아보지도 못하면서
저물도록 같이 저무는 아들 앞에서 엄마도 여자이셨는가
마지막 온힘이 빠지신 다음에야 비로서 여셨다

첼리스트 '나탈리 망세'의 화려한 가랑이가 아니기 때문에
슬픈 것이 아니다
내 고향 골짜기이기 때문에 슬프고 아픈 것이다

엄마 생각

엄마 가신 지 100일째가 다가온다
왜 유독 밥 먹을 때 자꾸 엄마 생각이 나는지 모르겠다
전생에 엄마는 밥이셨는가
나는 살아생전 엄마의 밥풀이었나
홀로 먹는 밥이 엄마처럼 시린 것이여서 그런가
목이 메여 숟가락을 몇 번인가 내려 놓는다

내가 곡기를 끊을 때쯤은
엄마 생각을 잊을 수 있을까

苦海

양은 냄비에 가재미를 졸이고
손두부를 지지고
바지락을 넣고 된장을 풀어
시래기국을 끓인다
먹고 사는 일이 아니라 기억 때문이다
딩동거리는 소리에 문을 여니
예수님의 전도사 한 분이 서 계신다
"맛있는 냄새가 나네요…"
빙긋이 웃고 문을 닫았다

그리고
문에 등을 대고 오래 서 있었다

이별의 시간

비밀은 말하지 마라
아무리 깊은 강을 함께 건넜더라도
수만번 달콤한 말로 서로를 위로했더라도
가슴에 잎새로 남겨라
깊은 왕래를 폄하(貶下)하는 게 아니다
상처까지는 아니더라도
우린 떠날 수 밖에 없는 사이
오랜동안 위로이고 사랑이었지만
그저 그만큼 정도 오래된 사이
늘 목이 말랐던 우리가 나쁜사람
먼 바다로 나가 함께 고기를 잡았지만
결국 나눠야 할 서글픈 관계
빗속으로 바람 속으로
눈보라 속에서 계절은 오고가도
결국 비밀은 우리를 굳게 지켜준 자만심
아직 목이 마르지만 메마른 바람으로
모래성이 무너지는 소리를 듣는다
우리는 아무일 없는 듯 마주보며
가증스럽게 웃고 있다

옹이지는 가슴을 몰래몰래 숨기며
조용히 이별을 예감한다
가슴의 비밀번호를 몰래 바꾸면서
아무일 없는 듯이……

色들의 무덤

잉글랜드 핑크와 이탈리아 블루
당신은 흔들의자에 앉아 흔들리고 있어
세상의 색깔을 맞추려는 듯 희미한 눈빛으로 먼곳을 주시하지
섞지 마…
당신은 마치 세상을 캔버스처럼 생각해
붓질을 할 때처럼 마음 내키는대로 살아가지
스텐나이프를 위아래로 긁을 때마다 비가 주룩주룩 내리고
붉은 태양은 기울어 먼 빛으로 지지
눈이 내릴 때쯤 세상의 색깔들은 죽어버릴꺼야
달랑 100호짜리 캔버스 하나 업고
당신은 거기서 누군가를 기다리지만
아무도 와주지 않아
술잔에는 마치 모든색을 다 섞은 듯한 그레이블랙
거울속에 널 그리려 하지마

흔들의자는 혼자 남아 카페 뒷문을 흔들지
거기 당신을 문신한 세상의 빛들이 죽어 있어
기다리던 세상은 깨끗하게 지워져 화이트로 남지
색깔들의 무덤에는 할미꽃 대신 제비꽃이 펴
세상의 색으로 범벅된 거기
당신의 무덤이 있을꺼야

여기 이 색들을 다 섞어봐

Crimson Lake, Permanent Green, Prussian Blue, Violet Gray, Permanent Yellow Orange, Cobalt Violet Light, Mono Warm, Raw Sienna, Emerald Green, Burnt Sienna, mineral Violet, Ivory Black, Pink, Permanent Green Pale, Gray of Gray, MonoChrome Cool……

바람의 길

당신이 떠나고 나는 밤바다가 되었다. 언제나 가슴으로 파도가 와서 철썩이고 새벽이 올 때까지 잠을 잃은 파랑처럼 너울졌다. 문소리가 나면 철렁 가슴이 내려앉고 지나는 바람에 심장이 고동치곤 했다. 나는 썰물도 못 되고 밀물도 못 되는 인생의 나루터에서 밤새 출렁이며 산다. 생이 흔들리는 줄도 낡은 뱃전의 동아줄처럼 썩어가고 낡아가고 있다는 것도 모른 채 철지난 엽서를 읽고 또 읽는다. 포구는 매정했다. 그대가 곁을 놓듯 썩은 생선 대가리만도 못한 기다림으로 이렇게 흔들려서는 결국 생의 끄트머리쯤 되는 너를 보지도 못할 것 같은 예감으로 촛불을 켠다. 매정한 밤바다는 누굴 위해 우는가. 아무도 없는 아무것도 할 수 없는 바람소리라도 붙잡고 死의 축제에 잔을 든다. 달이나 별이나 반딧불이나 나방이나 카바이트불이나 뭔 상관이랴. 마른칼로 배를 가르고 가자미나 굽자. 막소주 한잔에 생을 노래하기는 이미 늦었다. 한점 한점 살을 여미고 피를 닦고 아린 마늘 한쪽처럼… 태종대, 광한리, 송정, 해운대, 자갈치 아줌마… 놀래미 뼈만도 못한 칼을 들고 전쟁의 한복판에서 노래하던 나는 누구더냐?

나는 바람집에 사는 비리고 비린 사내…바람이다.
우리 생전 만날 약속은 접어두고 부고라도 오면 그때 울어주기로 하자.
바람조차 마를 때까지……〈성영희 '바람의 집' 앞에서〉

행려

많은 것을 가지고 있으면서 행복한 줄 모르는
두손 가득 움켜쥐고도 또 다른 것을 찾기에 혈안이 되있는
우린 얼마나 많은 것을 가져야 행복해질까
동전 한잎 없어 지는 해를 등에 업고 열정거장을 걸어가는 나그
네보다
페레가모 샤넬 루이에똥으로 도배하고 육감적인 몸짓으로
압구정동을 활보하는 저 인간은 진정으로 행복할까
행려의 날
걸어서 하늘까지 갈 수 있는 가벼움으로 나서보자
몸이 더러워도 때묻지 않은 청정한 영혼으로 바나나잎 집을 짓자
많은 것을 가지고도 행복할 줄 모르는
얼마나 더럽고 추악한지 모르는 우리는
때꾹물 줄줄 흐르는 가여운 영혼
더는 상처받지 않아도 될
세상이 얼마나 넓은지도 모르고
신발이 뭔지도 모르고
빵이 어떻게 생긴 줄도 모르고
가릴 것 없어도 창피할거 없는 쥘 것 하나 없는 세상
그런 곳으로 가자
가진다는 것이 얼마나 사람의 영혼을 황폐하게 하는지
알 바 없는

그런 세상으로 숨어들고 싶다

흔들리는 날에는

삼백토 덩이를 끊어 물레에 얹는다
막걸리 병이라도 빚어낼 요량이지만
이미 맘을 떠난 물레가 물푸레질만 친다
화선지를 펼쳐놓고 발묵(潑墨)을 해보지만
손끝을 떠난 붓질이 이미 동구밖에서
풍경을 엉망으로 망쳐 놓는다
캔버스 앞에서 한식경을 망설였지만
붓끝이 떨려 아예 물감통을 덮어 버렸다
아— 벌써 가을이던가
이 가을엔 결국 무엇 하나도 완성할 것이 없을성 싶다
촛불을 켜자 귀뚜라미 한마리가 잠자리에 들어 있다
밤새 내 몸을 타고 다니던 그놈을 그냥 내버려 뒀다
가을이기 때문이다
한숨이 길어 문풍지가 떨리며 운다
먼 산 너머 길을 따라 가다가 갈 길을 잃어버린다
가을길은 유난히 희미하다
저무는 인생 길과도 많이 흡사하다
별짓을 다하다 모니터 앞에 앉는다
자판 글자체는 많은데 내가 차지할 글자가 없다
바람이 데려다 줄 글자도 없는 모양이다
가을이기 때문이다

단풍도 들기 전에
폭우가 잎을 다 떨구어 버렸다
허리 잘린 나무들이 뿌리를 드러내고
물 소리마저 겁에 질려있다
가을은 저만치서 아이마냥 물끄러미 서 있다
흔들리는 날에는
조묵도 물레도 캔버스도 아무런 애착이 없다

나의 감옥

차라리 애초에
몰랐으면 좋았겠다
생각해보면 긴 시간 더불어 살았으니
안다는 것이 이렇게 무서운 족쇄일 줄이야
미워할 이유도 안타까워 할 까닭도 없을 인연을
달고 산다는 일은 지겹고 슬프다
버려지지 않는 인연
지워지지 않는 기억
질경이처럼 모질고 그 질긴……

여행 길에서
또 다른 사람들을 만나지만
그들은 여전히 낯선 타인
잊어야 할 그림자는 여전히 등짝에 업혀있다
무거운 인연을 지고 사는 일처럼 버거운 일이 있을까
잊혀다오
무명지처럼 말끔히 지워져다오
그렇게 새로운 여행을 떠나고 싶다
그러나
사람 사이에 난 길은
영영 끝장이 나지를 않는다

저물어 갈 때는 혼자였으면 좋겠다
너도 잊혀지고
나도 잊혀졌으면 좋겠다
사랑할 사람도
미워할 사람도 없는
흔들림조차 없는 곳이었으면 좋겠다
바람도 없고 달도 별도 없는 캄캄한 지옥같은
그런 동네였으면 좋겠다

그래서
어떤 인연은 바람에 띄워 보내고
어떤 사연은
긴 장맛비에 흔적조차 지워 버리고
생각조차 버린
아무 소리도 없는
그런 감옥이었으면 좋겠다

조그맣게 살다 간다

적막한 옛 뜰을 거닐어 본다
"흑" 하고 그리움인지 서러움인지가
목울대를 친다
옛날에게 진실하지 못해서 미안하다
다시는 그리 살지 않겠다는 회한
하지만 삶이 또 오겠는가
한번 삶으로 끝나 버리는거지

지난 글들을 되돌아 읽는다
깊이는 덜해도 열정이 있고 순수해 보인다
다시는 그 시절로 돌아갈 수 없으니
그런 글을 다시는 쓸 수 없으리
통속적인 기교를 버무린 비겁한 글밖엔
쓸 수 없으리라

지나간 사랑을 생각한다
온통 슬프기만 한 기억으로 채워진 사랑
그 흔적 모퉁이에 앉아있는 작은 사람
지금은 좀 강해졌는지
돌격적인 연애를 하는지 물었다
멀다

그대를 위하는 일이 아직도 서툴고 멀기만 하다
주는 방법을 몰라서 슬프다

죽을 날을 정해놨다
심장이 멈추기 전에 내가 먼저 시동 끌 멋진 날을
비싸게 구해놨다
못해 본 것 없다
더 해볼 일도 없다
지금은 그저
먼곳을 바라볼 수 있다는 것 만으로 좋다

그림자 밖은 더 어둡다

바람 숭숭 드나드는 흉터안에 버려진 추억 하나 있다
나무등걸 같은 기억은 바람 지나가는 길목을 지켜서서
장승처럼 말이 없다

햇살 무늬처럼 서편으로 누워
바람향기 머무는 그늘 속으로 간다
절묘한 만남 그 기억들과 동침하고 마는 시린 몸
가지끝에 걸려 떨고 있다

어느날 죽음의 그림자가 내 그림자를 업고
긴 강을 넘어갈 때 그날
그림자 모두를 강가에 묻고 왔다
그렇게 기억을 지우고서야 나는 온전하다
그날 이후 나는 그림자 밖 길만을 밟고 다닌다

단단한 멍울이 가슴에 필 때마다 그 안에 꽃을 키우고
나를 불사르고
물길잡아 배를 띄우는 닻 내릴 포구 찾아 헤메는 혼
누울 곳이 없다

슬픈 영화를 보고 독한 술을 마시고
PC자판기와 씨름하고 가끔은 겨울산에 오르고

바람공원을 산책하고 밤새워 악몽에 시달리고
그리고 무엇이 더 필요한가

내 그림자는 자꾸 왜 짧아지기만 하는지

창백한 종이 위에 눕다

약한 감성 때문에
평생 마음의 병을 앓고
구도자같은
고독한 길을 걷다
길섶 풀잎처럼 눕는다

영혼은 메말라
삭정이처럼 타다가
노을처럼 소멸하고
허약한 자아(自我)는
시어(詩魚) 몇 수 건져내고
긴 통한의 세월

한자락 그물
너른 바다에 던져놓고
물결처럼 눕는다
하늘도 눕고
바람도 눕고
별도 쏟아져
창백한 종이 위에 눕는다

격랑으로 살다가

몸뚱이 다 찢기워져 버린 다음
껍데기만 백지장처럼 가벼워지고
그래서 漁夫와
詩人은 단명(短命) 한다

평생 갈바람과
속앓이로 찢기우고
말라 비틀어지기 때문에

샤갈마을 사람들

시를 구워 먹는지 삶아 먹는지
시를 사랑하는 이들의 모습은 어딘가 모르게 슬프다
웃는 모양도 슬프고 걷는 모습도 슬프다
시를 좋아하는 사람들은 슬픈사람들인 모양이다
지구를 여행하는 선영이가 그렇고
그림을 그리는 오복이도 그렇다
시를 쓰는 달수는 웃지만 웃는 게 아니다
시라는 옷을 덮고 사는 이들의 계절은 항상 늦가을이다
곡식을 거둔 서리내린 들판이다
떨어진 낟알갱이를 찾아 날아든 겨울새 같다
모습만 봐도 그들을 금방 안다
그 안에 얼마나 많은 고독과 회한과 우울과
연애하고 있는지를
음악을 사랑하고 그림을 좋아하고 시를 마시고 사는
샤갈마을 사람들…
그 사람들을 어찌 사랑하지 않고 배기랴
어제는 마량에서 그제는 청도에서
오늘은 봉화에서 떠돌다 만난 것처럼
선암사 해우소의 안부를 묻는다
어느 별을 헤메고 있는지를 묻는다
우리가 만나는 자리는 은하수 저편 굴곡없는 땅
선운사 상사화 필 때 꼭 우리 거기서 만나리라

겉은 멀쩡해 보여도
시를 읊는 사람들의 안(內)은 늘 허수아비 같아
측은하고 아리다

눈물 한스푼

손바닥 만한 교자상(交子床) 놓고
허수아비 같은 숟가락을 든다
뎁힌 참치찌개와 생 마늘쫑 총총 썰어
들기름친 고추장에 찍어 먹는다
알싸한 마늘향이 가슴께로 번진다
구운 날파래김 한장에 콩밥 한술 얹어
게자 간장에 찍어 입안에 넣는다
파래, 게자향이 코 끝으로 찌잉하다

창박 학교운동장 돌담가로
꿀밤나무 큰 잎새들이 마악
구운 날파래색으로 갈아입는 중이다
잎새 사이로 가을빛이 새어나와
상(床)머리 위로 가을을 흘린다
알타리 무김치를 한입가득 씹는다
밥상에는 가난한 가을만 올라와 있다

먹지 않으면 되는데
한끼 거르기가 숨이 차다
세상살이에 목 매는 일이 힘겨워
홍송가지에 목을 걸어봐도
가지만 자꾸 부러진다

목숨은 내것이 아닌지라
맘대로 할 수도 없다

목울대로 복숭아 씨 걸린 것 마냥
갑갑하다
이 화려한 가을날에
목줄기로 울컹 치미는 건 뭘까
달그락거리는 싸리문 쪽을 바라본다
싸리가쟁이 사이로
웅웅거리며 바람이 지나간다

방금 공기밥 위로
눈물방울 하나 떨어진다

마지막 연애

칼날 같은 연애를 하면 얼마나 황홀할까
프로포폴 같은 환각의 연애를 하고싶다
이천년 전에도 돌언덕에 누워 페르시아만을 바라보는 연애를 했는데
소돔의 나라처럼 폐허가 되도록 음탕한 연애를 하고싶은거다
연애를 하다가 심장까지 깊은 칼이 들어와도 좋을 세상 끝 연애를 하고싶은 거다
화산의 용암처럼 타서 흔적 없을 재가 되도록 마그마의 온도로 서로를 태워서
신마저 시기할 노여움을 사고 엉켜서 한덩어리 돌이 되더라도 좋을
그런 무참한 연애를 하고싶다
인간이나 동물이나 신이나 자연이나 섭리가 어찌 욕정을 뛰어넘으랴
짧디짧은 이 목숨과 바꾸어도 좋으리라
수천도 불덩이 같은 무기로 깊은 화문을 구석구석 새기고
식으면 기꺼이 화석으로 남아도 좋을
남자나 여자나 사람이나 짐승이나 한갓 축생일진대 뭐가 어떠랴
연애의 온도는 돌이나 사람이나 똑같은 온도
소돔의 나라에서 소돔식 연애를 하고 죽자
로마는 로마대로 봄베이는 봄베이대로 네델란드는 네델란드대로
페르시아만까지 불기둥을 달고 화문을 새기리라
나는 나라가 없다

타다 남은 화산재처럼 즐비한 돌무덤 앞에서 먼 바다를 거울삼아
칼끝으로 파고 새기는 연애의 흔적을 남기고 싶다
그러다가 목이 떨어져 나가도 좋고 사지가 끊겨도 좋을
신도 간섭하지 못할 욕정의 나라에서 무모한 사랑을 하다 죽고
싶다
어느날 내가 안 보이거든 아시라
그렇게 돌무덤이 된 줄…

겨울연가

살다가 가끔 한번쯤은
한번쯤은 생각나지 않겠어요
나는 이미 잊혀진 사람이지만
그대는 아직도 내게 살아 꿈틀거리는 사람
그러니 어쩌다 한번쯤은 기억날 수도 있잖아요
그때같진 않겠지만 헤어지기 전 우리가 함께한
수많은 시간과 풍경들이 생각나지 않나요
같이 건너던 돌다리와 산수유 봄길과
비내리던 동물원 길마저도 기억나지 않다니요
동물원옆 미술관을 잊었다고 해도
호호 불며 마시던 벤취옆 자판기 커피는
한번쯤 기억해 주셨음 좋겠어요
그 겨울로 다시 돌아갈 순 없지만
아주아주 모른다고 하면 참 섭섭하네요
일부러 모른다 마시고
살다가살다가 어느날
그 겨울을 한번쯤은 기억해 주시길…

왜냐고는 묻지마

아주 오래 전 알고 있었던 것처럼
우리가 조우한 곳은
캘리포니아 오렌지 농장이었을 껄
열매의 향기가 코를 찌를때
그대의 향기는 하늘을 찔렀을꺼야
삶는 듯한 여름 태양 한가운데서
코끼리등을 타고 산책하던
라오스 산간 마을에서 우린 또 만났지 아마
당신의 나라와 내 나라는 지구안에 살지만
가깝고도 먼나라였어
그렇게 만나지면서
그렇게 헤어지면서 살아가는 건 운명
아주 오래 전 알고 지냈던 것처럼
만나고 헤어지는 여행지에서는
어떤 운명의 길을 생각하게 돼
또 다시 어디든 떠나면 그대를 만나겠지만
나는 지금 내 감옥을 짓고 있어
다시는 그대를 만날 수 없도록 굵은 쇠사슬을
칭칭 감아대고 있지
우리가 생전 만나보지도 못한 사람들처럼
최면을 걸고 있는 거야
왜냐고는 묻지마
궁금해 하지도 마……

나이가 들어갑니다

저녁숲에 바람이 이네요
겨울나무 사이로 달 뜨니 풍경입니다.
그해, 안개 같던 시인이 영화를 보다 죽었지요
그이가 부르던 '내 생애 단 한번만' 을 먼발치에서
가슴이 먹먹해져 들었었는데요.
아무일 없던 아침에 나는 당신과 메마른 흙을 뚫고
고개를 내미는, 시간의 형상을 닮은 새싹이 돌아오는 것을
해질녘까지 주저앉아 보았더랬죠.
'이 세상에 꽃으로 피었으면 꿈도 꾸고,
꽃이 돌보다 위험하다 두려워도 하면서.'
시작, 싫증, 미움, 노여움, 넌더리, 이해와 용서, 끝,
그리움과 시들함… 그런 단어들이 제 갈 길 가는
시내의 끝없는 흐름처럼 줄지어 지나갔어요
여전히 로자 룩셈부르크와 케테 콜비츠를 읽나요.
기억속에 당신은 그녀들을 닮았어요.
아! 내 눈에 켜켜이 쌓인 세월을 어느 길섶에 놓을까요.
어느 곳엔가 버려지면
이름도 상처도 없는 아픔이 되지는 않을런지.
멍하니 앉아 오래 전 지나간 새벽을 맞습니다.

참 좋은 시절

옛날에는 명절 때
전 부치는 기름냄새가 좋았다
새로산 고리뗑(골덴) 옷 입고
자랑하느라 동네도 한바퀴 돌았고
제기도 차고 윷놀이도 하고
동네가 아이들로 들썩들썩 했는데
그 수많던 애들이 다 어디로 사라졌을까
지금은 어디에도 그 인기척이 없다
사람냄새 물씬 나던 참 좋았던 시절
동네마다 왁자지껄 그 하루라도 풍요로워서
즐겁고 행복했던 세상
참 그립다
그때 그 산동네 그 이웃과 그 아이들은
도대체 어디로 갔을까
다들 건강하게 살고들 있니?
오늘은 참말로 그 시절이 그립고
보고 싶구나 …

붉게 피었다 진다

상처도 없이 어찌 이 자리까지 왔으랴
개망초 언덕 자리처럼 무성한 시림 뒤로
옹이진 세월 그 상처 자국들이 노랗게 피었다
산국화 피는 시절
차한잔 내려놓고 문장들을 펼쳐 놓느라면
가을도 깊어가리니
내 시절도 그렇게 함께 깊어가는 게지

아리고 쓸쓸한 날
더는 붉은 문신 감추려고 신음소리 한번 못 내보고
그림자 글씨만 쓰던 상처들
그리웠노라고 이젠 감히 말하리라
장독대에 펼쳐진 빨간 고추가 독하게 말라가듯
나도 이제 독해져야 할 시간
목울대를 타고 오르는 무성한 서릿발 같은 서름
갈 까마귀 우는 저 들판 허수아비 어깨로
내리는 슬픈 노래소리
아~
내가 어느새 여기까지 왔구나
서리 지는 새벽 들판

3부

어디쯤일까

홍여문

동인천에서 자유공원쪽으로 오르다 보면
왼쪽으로 신포동 · 사동 내려가는 길
그 통로에 홍여문이 뚫려있다
만국공원에서 내려다 보이는 인천항은
상륙작전의 본터 월미도도 보이고
모시조개 잡던 뻘터도 보이는데
지금은 세월 속에 실루엣만 보이고
콘크리트 건물만 가득차 있다
맥아더 동상 주위를 돌며 뛰어다니던 아이들도
다 늙어 꼬부라지고
아카시아 꽃 따먹던 시절이 황혼처럼 져가는데
홍여문 앞에 폼 잡고 사진 박은 여인네 너는
신포동 누구누구집 고명딸 일건데
시장통 순대국밥집, 우동집 '신신옥' 딸래미들도
동창이라데… 한동네 애들이라던데
홍여문 앞에서 너는 웃고 있구나
지금 보니 홍여문이 남대문보다 멋져보여
내 어린시절 가방 던져버리고 부리나케
공원길 오를 때 왼편 옆구리처럼 구멍난 문
쓸쓸해 보이는 걸 보니
옆구리 허전한 걸 보니
세월의 구멍이었구나
내 구멍이었구나

구절초 향기

글 잘쓰는 시인들이 참 많다
정교하고 나무랄 곳 없는
서툰 곳도 없고 옹이 하나 없는 그런 詩들이 참 많다
완벽한 글
노련함에 섬뜩한다
프로들은 그런 글에 평론하고 논소하고 환호하고 박수를 보낸다
그대는 세상살이에 서툴다보니 글도 서툴다
배운 게 짧으니 글마저 미천하기 그지없다
누구하나 거들떠 보지 않는
그저 미천한 사람들끼리 다독이며 위로할 뿐이다
서툰 사람들이 허름하게 짓는 집
부족하지만 사람 냄새나는 글이 좋다
서툰 글에 왠지 애착이 가는 건 그대가 허름하니 그럴께다
틈이 많은 그대로가 좋다

사람이 서툴다보니 사는 일도 서툴다
살아온 일이 후회스럽고 갈 길도 멀다
나이를 먹으며 깊어져야 함을 글에서 배우지만
숲의 깊이는 아직도 모른다
한때 장대했던 문장들은 꼬깃꼬깃 구겨져 버려졌고
시어들은 기역 니은이 몽땅 다다
숲에서 날아오르던 새떼처럼 무성했던 시어들은 어디로 갔을까

허름한 옷만 남았다

글 잘 쓰는 시인들 참 많다
허름한 시인들도 더 많다
누가 진정한 시인인지는 잘 모른다
뚝방길에 허름하게 핀 구절초 향기가
왠지 더 그립다

송현동 81번지

언제였던가
비를 쪼르르 맞고 낄낄대며 걷던 비포장 도로
송현동은 비만 오면 학교도 뜨고 집마당도 뜨는 수문통
그 동네는 이미 고층 아파트가 산을 이룬 피안의 세계로 등재됐고
땅밟기 어려운 세상에서 공중에 둥둥 떠서 사는 사람들 세상이 됐다
송현동 81번지는 수도국산 자락 산동네
긴 장마에 아랫동네는 온통 물난리에 아우성쳐도
느긋히 창가에 턱을 괴고 물퍼내는
아랫동네 광경을 넋놓고 바라보던
첫사랑이 걸어가던 신작로엔 노랑나비가 나풀거리며 따라오고
자전거 탄 빨간가방 우체부 아저씨가 종을 치며 다니던 변방동네
옆동네 소집아저씨는 이른 새벽에 우마차를 끌고 일을 나가신다
구세약국, 성세 한의원, 태양당약방, 송현시장, 수문통다리를 건너면
내가 하루도 안 빠지고 다니던 송현 국민학교
수도국산에 아카시아 꽃이 만발하면 배터지게 따먹고 또 따먹고
찔레꽃도 지천이라 꽃향기에 취하고 또 취하고 몽롱해지고
겨울나기 김장이며 연탄배달은 동네 아이들이 몫
찐빵 하나 아이스케키 하나도 나눠먹던 동네
지금은 뿔뿔이 흩어져
어느 구석에 처박혀 늙어가고 있는지 알 순 없으나
송현동 81번지 그 아이들이 문뜩 보고 싶어진다

옆동네 노총각 K의 더러운 인생

그가 운다
개똥 같은 인생이 더러워서 운단다
무늬는 같은 인간인데
팔자는 왜 하늘과 땅 차인지 모르겠다며
사주팔자 더럽게 타고나서
평생 노예처럼 살아가며 웃어볼 날이 없었단다
여인네 젖가슴 한번 못 만져보고
홀아비 학년 5학년이라니
세월 더럽게 빠르단다
입에 풀칠하는 일이 우선인지라
어떤 궁리도 해 볼 수가 없었다는데

가을밤 천장보고 혼자 누워
외롭고 더러워서
꺼억꺼억 우는 일 밖에는
할 일이 없더란다

천년 모텔

옷을 벗으니 인간의 몸이 태어났다
껍질 없는 몸은 단단한 힘줄로 채워져 있고
가운데 중심은 달달한 오후 낮잠을 자고 있다
몸이 웅성거리자 고개드는 중심
속살은 어둠 안에서 더욱 빛나고 만다
백년 빛이라는 이름으로 몸 보시하는 처사님은 연꽃처럼 부드러워서
천년 고찰의 숙연함을 지니고 있었다
사람이라는 멍에를 안고 등신불 같은 세월을 보내시다
어찌 나 같은 것을 만나 몸 보시를 하시는지
부처님만 아실께다
그 집 담장에는 능소화가 흐드러지게 피고
마악 꽃 모가지 하나가 떨어지고 있었다
벗은 몸이 아름다운 건 긴 수행의 업적이리라
먹고 사는 일이 지루하고, 두리번거릴 일도 없어질 때
이 곳으로 놀러 오거라 하시던 보살님은 능소화보다 더 이뻤셨다
밤이 두려워 상사화 피던 선운사 뜨락에도
달빛이 선연해서 술렁거리고
산새 긴 울음에는 속세도 깊은 잠에 들었다
몸뚱아리야 별거 아니지만 곱고 매끄럽고 싶어서
삼경 달빛아래 고운 걸음걸이로 몸을 다듬고
삼층석탑 그림자를 밟고 돌아 누운 몸

그것은 부처님의 몸보시였으리라
꿈은 꾸지 마라
허나 사람이라면 망설이지 말고 이 곳으로 오라

낙원상가 해장국

종로 3가에서 내려 전시회 가는길
낙원상가 옆 2000원짜리 해장국 집을 지나간다
먹고 싶은데 같이 가재도 다들 담에 가잔다
담에 언제 가자는 거야
노숙자 버전으로 혼자 가서 먹자니 용기가 안 나고
오늘도 애매한 만원짜리 정식 먹고 왔다
곁눈질로 슬쩍 본
양은솥에서 설설 끓는 시래기 해장국이
자꾸 눈에 밟힌다
헐값이니 다들 체면 손상 갈까 걱정도 되려니와
허름한 노인네들 속에서 함께 숟갈질 하기도
쪽 팔리니까 안 가는 거 나는 다 안다
근데 그 노인네들도 옛날에는 다 잘나갔거든?
우리도 곧 돈떨어지고 추운날이 올 걸 왜들 모르실까
그나저나 이 해장국 누구랑 먹으러 가지
언제쯤 맛볼수 있으려나…

길 끝에 서 있는 사람의 손을 잡고 걷고 싶다

약속은 없었다
그러나 마음 오가는 대로 걸었다
그 길 끝에서 기다리던 한 사람
지구별 이래야 축구공 만한 세상
아마존 숲이 깊고 넓다지만 사랑에 닿는 길은 오직 외길
그렇게 약속도 없이 만났다
외로워야 사랑을 한다고 했던가
고독하지 않으면 사랑도 없다고 했던가
나쁜 사람이 없으면 사랑도 존재하지 않는다고 했던가
나쁜 세상이라 외롭고 고독해서 사랑을 하게 되는가
길 끝에 서 있는 사람의 손을 잡고 걷고 싶다
외길에서 내게 손을 내밀어 준 유일한 사람
그 사람 곁에서 함께 걷고 싶다
설령 사랑이 내일 변한다 해도 울지 않겠다
오늘은 내 사랑이니까
거짓이라도
지금은 내 손을 꼬옥 잡고 있으니까

페루

페루에서 전갈이 왔다
'Jessica Simpson'이 전하는 말 "When You Told Me You Loved Me"
'쿠스코'로 떠나는 안데스는 구름에 떠 있다
'알파카' 한마리가 '마추픽추'를 한가로히 바라보고 있다
우루밤바 강 협곡을 따라 기차는 잉카왕국으로 간다
'기차는 7시에 떠나네'처럼 '엘 콘도르 파사(El Condor Pasa)' 음률이 흐르고
차창 밖으로는 제국의 멸망처럼 흙눈물이 소용돌이친다
황제는 콘돌이 되었는가 벌새가 되었는가
태양의 신은 침묵한다
아마존은 안데스가 가르치고 키웠다
떠다니는 섬에는 떠다니는 잉카 사람이 산다
비가 내리는 갈대섬에는 호수가 산다
끝없는 정복군의 행렬
안데스를 넘어서 콘돌의 날개로 간다
문명은 어디서 와서 어디로 가는가
태양의 제국 '페루'
페루에서 전갈이 왔다
올꺼냐고

홀로 가는 법을 배워두자

누가 날 알아줄까 바라는건 "욕심"
함께 해주는 것 만으로도 "행복"
쓸쓸하다는 건 숨쉬며 살아있다는 것
슬프다는 것 또한 살고 있다는 것
조금은 외롭고 쓸쓸하고 슬퍼야 하는 것은
사람이니까 겪는 行路
이걸 터득할 때쯤 늙어 있다
삶이란 그런 것이 아닌가…
혼자일 때 깨달음을 얻듯
賢者들은 모두 스스로 혼자가 되어
우주 이치를 터득했다

어차피 혼자왔다 홀로 가는 인생길
나를 사랑하고
혼자인 나를
나라도 다독이자
혼자 노는 법을 배우고
혼자 가는 법을 익히고
텅 비더라도
별 보는 법과
세월 타는 법과
홀로가는 법을 배워두자

정신병원 가을 벤취에서

나는 진화한다
외계 생명체처럼
나는 인간이 아니므로 소유할 것도 버릴 것도 없다
행성을 떠돌다 안착한 곳이 하필 지구라는 개똥별
유전자가 다른 나는 짝도 없이 평생 홀로 방황한다
한마리 외로운 자칼처럼
머나먼 우주공간엔 갈 곳이 별로 없다
내 숙주들은 열심히 자라고 있지만
수십억 개의 생명인자로 태고의 언어에서 미래의 말까지
그 시공은 억겁 촌음의 기억
성경이나 불경이나 모두 인간의 낙서에 지나지 않아
내 우주는 좁다
돌아갈 곳이 없다
나는 고로 자폭한다 지구의 태평성대(太平聖代)를 위해서
자멸하고 말 것이다…

어라?
송중기 나오는 '착한남자' 할 시간이다
빨리 보러 가야지
왠일로 뜬금없이 북한강 붕어찜이 먹고 싶을까
태고의 언어… 미래의 말… 억겁의 시간…
촌음의 기억 속에서

'필립모리스'를 피우는 여자

'필립모리스'를 피우는 여자가 말했다
담배는 마약이 아니라 음식이야
후식으로 이만큼 딱들어 맞는 게 어딨겠어
온몸을 적당히 이완시켜주고 긴장을 풀어주잖아
섹스 후에 피우는 '모리스'는 또 어떤데… 최고지
그 이상의 맛은 세상에 존재하지 않아
그 여자는 쓸개를 떼어내고 자궁을 드러내고
폐선처럼 되었어도 '필립'을 여전히 좋아했다
지금 끊어봐야 30년후에나 '타르'가 빠진다는데
그때 내가 세상에 과연 존재할까?
끝까지 나는 "필립"과 함께 갈래…
신랑와 헤어지고, 자식과 헤어지고, 친구와 헤어지고
벼랑끝에서도 늘 "필립모리스"와 궁합이 찰떡같이 맞는 여자
총탄이 어디서 날아와 어디를 관통할지도 모를 황야에서
'크린트이스트우드'처럼 담배 연기를 날리는 무법자처럼
가을햇살 기우는 창가에 기대어
그림자처럼 기울어가는 시간이 멈춘 여자
못 끊으면 가망이 없다는데도 똥배짱으로 고고씽~하는 여자
이젤 앞에는 물감통보다 꽁초가 더 높게 쌓이고
캔버스엔 겨울숲이 고즈넉하게 춥다
떠나고 나면
그 숲에도 꽃이 활짝 필 텐데…

여우와 두루미의 식탁

길을 가다 뭘 자꾸 줍는다
지렁이 生도 줍고
달팽이 生도 줍고
고추 잠자리 행적도 줍는다
Dana Winner의 Woman In Love 음율도 줍는다
못 줍는 게 없는 나는 전생에 망태할배 일께다
사람들은 여우와 두루미의 우화를 좋아한다
나는 그런 초대에는 밥을 배터지게 먹고 간다
체면상 호리병의 음식을 거꾸로 마실 수는 없으니까
이솝 이야기와 같은 세상의 식사는 은근히 비싸다
청국장이 아니고 가진 者들의 근사한 식사니까
아삭이 고추와 삶은 호박잎과 고등어 조림과
감자볶음이 전부인 식탁에는 물론 스프 접시도 호리병도 없다
풀잎들만 들판처럼 누워있다
그래서 나는 호리병과 접시 등을 줏을 뿐이고
두루미의 깃털과 여우 꼬랑지도 줏을 수 있게 됐다
하지만 배고픈 사람들의 냄비는 절대 줍지 않기로 했다
배부른 자들의 타락한 영혼만 줍는다
밤에는 호리병을 깨러 다닌다
후미진 골목길 계단에 앉아 고래밥을 먹고 있는 젊은이는
무엇을 줍고 있을까
여우의 호리병일까, 두루미의 접시일까……

질마재를 지나며

버스가 허리를 틀 때마다
길도 허리를 튼다
뱀이 또아리를 풀 듯 잠시 뒤척이다
시름마저 내려 놓는
휑하니 뭔가 달아나 버린 듯한 시공
세속의 귀퉁이 속세를 버린 곳

야심하지도 않은 밤
보건소 앞에 내동댕이쳐진
가을자락
조그만 불빛들이 사는 곳
아~
나는 왜 이곳에 있는가
길 잃은 고라니 한마리
우두커니
잿마루에 서 있다

* 질마재 : 충북 증평에서 청천쪽가는 도중 꾸불꾸불 뱀같은 재

밴댕이 타령

연탄 아궁이 굵은소금 뿌린 밴댕이가 석쇠 위에서
지글지글 끓는다
어느순간 화악하고 불길이 치솟는다
밴댕이 기름이 얼마나 많은지 구공탄 위로 뚝뚝 떨어진다
잔가시가 목에 걸려 켁켁거려도
고소하고 담백한 맛이 얼마나 환상적인지
수십년이 지난 아직도
밥상 위 노릿노릿한 밴댕이 구이가 눈앞에 선하다
밴댕이젓은 초봄 입맛 없을 때 송송 져며 식초에 고추가루 마늘
파 양념해서
뜨거운 쌀밥 위에 얹어먹으면 죽었던 입맛도 화들짝 놀라서 돌
아오는데
이젠 밴댕이 구워주시던 어머님도 떠나시고
궤짝으로 밴댕이 사오시던 아버님도 멀리 가버리시고
밴댕이도 씨가 말라가는데
입맛만 살아서 공염불하는 늙은 자식놈은 아직도 밴댕이 타령
이라
선술집에서 밴댕이를 아무리 구워봐도 그맛이 아냐
기름도 안 떨어지고 불도 안 붙고 살도 없이 비썩 말랐어
구공탄에 지글지글 굽던 그 시절 그 밴댕이는 어디 간 거야
그놈의 밴댕이는 창새기도 별로 없어 통째로 머리까정 씹어먹
어도 고소했는데
불은 확 안 붙어도 좋으니 비스름한 맛이라도 나는

그때 그시절 밴댕이가 마냥 그립구만
달고 고소하고 담백하던 천상의 맛
다음엔 제철 밴댕이잡이배 타고나가서 직접 한번 잡아서 구어
봐야지
옛날 그놈들이 맞는지 아니면 사돈에 팔촌 사이비 놈들인지
내년 밴댕이잡이 철엔 꼭 밴댕이배 한번 타볼꺼야
죽기 전에 엄마가 구워주시던 그 밴댕이 꼭 먹어보구 죽을라구

누구는 나보구 밴댕이 속알딱지 라던데…

孤島

달력 떼는 일이 바쁘다
百장쯤 떼어내면 十년쯤 되고
千장 떼기 전에 모두 요단강을 건너는데
월력 하나 찢어내는 일이 이리도 힘든지 모르겠다
달이 다가서야 겨우 뜯어낸다
바람에 펄럭이는 빨래처럼 다 간 팔월이 펄럭인다
빼꼼히 쳐다보는 구월
낙엽지고 눈보라치면 너 壬辰도 모가지다
꼬깃꼬깃 적힌 메모장에는 할일도 많다
차일피일 밀어온 일들이 허름하게 세월에 젖어있다
상처와 웃음과 눈물이 피와 살이 된 것처럼
그대의 내부에는 단단한 암세포가 자라고 있을 터
책장을 넘기듯 살아온 인생사가 너무 헐렁해 보인다
옛날 정육점에서 준 日력들을 뜯어내기 바빴던 건
화장실을 가기 위한 행적
3개월짜리 月력도 일력처럼 뜯어내는 작금에는
모든 것이 중심을 잃어가고
고도와 같은 자아가 물에 젖어 흐물거린다
제 몸뚱이가 귀찮아지고
중심 잃은 섬처럼
깊숙히 스며드는 고독의 물결
일기장을 훔쳐읽듯 조심조심 떼어내는 달력
울컥 치미는 통한의 生의 냄새

우포늪

시간은 멈추지 않아요
긴 사람의 시간과 짧은 사람의 시간은 공존하죠
죽고싶은 사람과 살고싶은 사람도 세간에 같이 살고 있죠
훌쩍 떠나버려 아무도 모르는 곳에서 살기를 갈망하는 사람
인간의 바다에서 떠다니고 싶은 사람 모두 같은 공간에 있죠
세상은 참으로 여러 색깔예요
나는 세상에 무슨 색깔로 떠다닐까 생각해 보았어요
우포늪은 온통 그린 색깔였어요
몇천년을 늙은 늪은 살기만을 원했더군요
그렇게 살고도 죽는 것이 왜 두려웠던 것일까요
마지막 순례자를 맞고자 함이었을까요
여튼 시간이 멈춘 우포늪은 온통 그린빛 이였어요
먼 하늘에서 보면 작은 티끌점 하나
시간과 장소의 설명은 듣고 싶지 않았어요
그냥 무더운 햇볕아래 순례자들의 길을 따라 걸었어요
오디가 익어가고 산딸기가 익어가는 산들길 따라 유영했어요
남들이 웃을 때 따라 웃고 남들이 셔터를 누를 때 따라 눌렀을 뿐
우포늪은 아무 말도 없었어요
반가운 기색도, 싫은 기색도 없는 우포늪은 아무 말도 없었어요
나도 할말이 없데요
거긴 바람이 멈춘 곳이었어요

뒷풀이 병어찌개와 빨간딱지 소주가 맛있었어요

봄타령

이젠 쉽시다
할만큼 했으니 쉽시다
해도 안 되는 일은 접읍시다
안달복달 하지 말고 접읍시다
쌍계사 십리 벚꽃이 난릴 칩디다
난리치다 바람에 분분히 집디다
소리쟁이도 좋고
원추리도 좋고
말냉이도 좋습니다
그냥 나물이나 캐러 댕깁시다
그렇게 쉽시다
낼모래 가재미 눈깔 보러 강릉에나 갑시다
별뜬 밤 찰랑찰랑 뱃전에 기대어 소주잔이나 기울이며 놉시다
그 다음 낼모래는 공덕시장으로 족발이나 먹으러 갑시다
시끌벅쩍 민초들 사이에서 지나간 세월이나 낚읍시다
그 다음, 그 다음날도
나라가 어찌되든 집안꼴이 어찌되든
봄나들이나 댕깁시다

베로니카의 私生活

너는 어찌 삶과 타협하지 않으려만 하느냐
네 몸뚱이와 밥을 바꿔야 살아남지 않겠느냐
아무도 널 쳐다보지 않을 땐 이미 늦느니라
네몸이 뭐 그리 잘났다고 팔아먹질 못하느냐
우선 먹고 살아남아야 하지 않겠느냐
배터지게 먹고사는 것들을 욕하지 마라
배만 부르지 그들이 너보다 더 불쌍하단 걸 알려주마

오늘도 아픈 저녁이다
하루를 한끼로 때우는 者는 삼일씩 굶는 者보다는 훨씬 덜 행복하다
팔 것이 없는 오늘이다
세렝게티에도 사자들이 굶어죽어 간다는데
너는 동물원 안에서 먹이를 찾고 있다
자장면을 먹고 싶어서 거리를 헤메다
수도물 한 바가지로 속을 채우고 잠을 잔다
꿈속 천국의 문은 굳게 닫혀있다
기억하느냐 너는 웅장했던 장원(莊園) 영주의 딸이었다는 것을

너는 은둔하는 집시
너를 노리는 킬러들의 도시에서 용케 살아 남았지
아이를 낳고 인간다운 삶을 산다는 게 우습게 보여서 너는 혼자 살고 있다

외계인 같은 너를 아무도 사지 않아
오늘도 어디론가 전화를 해보지… 배고파 살려줘…
아무도 널 가지려 하지 않아
짜장면 값도 못되는 오물같은 존재… 쓰레기통이나 뒤져봐
생선대가리, 생선내장과 유효기간 지난 두부와 런천미트, 상한 멍게살
긴 생머리와 짧은 스커트 아래로 뻗은 미끈한 다리
구찌핸드백과 디오르 검은안경,페라가모 힐, 칼르체 손목시계는 모두 짝퉁
신논현 뒷골목으로 숨어들어가는 쓸쓸한 그림자
담배가게 아저씨는 언제 갚을줄모르는 담배를 외상으로 준다, 하나님 같은 존재
슈퍼아줌마는 널 거렁뱅이 취급, 라면 한봉조차 꾸어주지 않으니까

한때는 사랑이란 걸 하고 싶었지
아픈 왼쪽 가슴말고는 하자가 없었으니까
수백만 에이커의 잘나가는 억만장자의 장원에서 태어나서
쫓겨나 길바닥에 나앉을 때까지 겁없이 자만했었지
운명은 이미 탈선하는 레일, 겁도없이 세상을 들었다 놓고 싶었거든
베로니카의 生은 하나님도 지원해주질 못했어
자갈치시장 부두에서 세상을 돌아온 마도로스 사내와 흔들거리며

쓴소주를 마실 때가 처음으로 인간다웠다는 걸 새삼 느끼고 기억해내지
내 반지하 방으로는 해도 피해가고 달도 기울지를 못해
나만 매일매일 빗살처럼 기울고 쓰러져가지

사랑하는 사람에게 문자가 왔다
수신만할 뿐 답신은 못한다
내가 거렁뱅이인 줄 모르고 아직도 모그룹 셋째딸로 알고 있나 보다
정말로 한때 사랑이란 걸 하고 싶었다니까
지금은 열흘 동안 굶었으니까 밥이 훨씬 더 중요해
나는 지금 나 밖에서 떠돌고 있어서 내집으로 돌아가질 못해
파울로처럼 소설을 쓰며 살고 싶은데
연필이 없네
종이가 없네
손에 힘이없네. 누구든 날 안아줘……

구시인에게서 문자가 왔다 쌀을 보내겠다고
거절했다 내방엔 가스렌지도 밥을 앉힐 냄비도 없기 때문에
그럼 돈을 보내겠다고 한다
싫다고 했다 거저 얻어먹기는 죽기보다 싫기 때문에
언제까지 살아있을지 나도 장담 못한다
킬러들의 손에 죽든지 내스스로 굶어죽든지 선택은 내가 한다

희한한 건 굶어죽을 때쯤이면 일거리가 생겨 밥을 먹는다
님은 나를 말려죽을 셈인가 보다
오늘은 찬송가를 불러봤다 허기진 건 마찬가지다
일용할 양식을 너무 척박하게 준다. XX !!…
구시인에게 전화나 한번 해봐야겠다
일자리나 구해봐 달라고……

너와 나는 누구지?

금성 여인숙

야심한 밤 만취한 흑석동 국립묘지 뒷산 언덕배기를
왜 접어들었는지도 모른 채
앞으로 한걸음 뒤로 두걸음 걷다가
후미진 골목어귀 으스름 불빛에 여인숙 간판 보고
추적추적 기어들어가 이불 펴고 누웠는데
등은 따신데 코가 찡하게 시렸다
천장이 내려와 슬픈 이불이 되고
시린 이별의 영화속 주인공처럼
외롭고 고독해서 울었다는데 아마
꿈을 꾸는 듯 잠도 못이루고 밤을 새웠겠지
홀로 되어
후진 여인숙에 한번 들어보게나
혼자라는게 너무 쓸쓸해서 죽고 싶다는 걸 그때 알지
지금도 버스 타고 흑석동 국립묘지 언덕을 넘다보면
왼편 고부라진 골목위로 불꺼진 가로등이 보이고
거북이 등짝처럼 납짝 엎드려있는 여인숙 문간에는
뒷축 꺾인 구두마냥 드라마 주인공이 죽은 듯이 누워서
천장보고 끄윽끄윽 흐느끼려니
엠버서더호텔 VIP룸에는 월풀욕조에 장미향이 흘러서
고독이란 게 당최 있을랑가 모르겠는데
아직도 버티고 있을
여인숙 흑석동 언덕배기는
언제 재개발이 들어갈런지 모르겠네

푸른 문신

죽은자의 주소
팔뚝의 "Sweet Home" 문신 때문에 청송 감호소에서
죽다 살아난 사내의 푸른훈장
살인자는 떵떵거리며 살아있지만
죽은자들은 말이 없다
신림동 쪽방의 주소가 사내의 문신이다
깨지고 짓밟히고 부서지고 망가진 걸레같은 몸뚱이로
살아가는 푸른문장의 사내
다 잃었다
친구도 가족도 버리고 숨어산 세월이 삼십년
폐허가 된 사내를 알아볼 이는 세상 아무도 없다
봉천동 시장통을 기웃거리며 폐지를 줍고사는 행려자
푸른문신이 운명을 바꿔놓은 날은 초겨울 동인천 "용동" 쌍우물집
친구들과 어울려 동동주 한사발 걸치고 집에 가던 중
역전 앞에서 불신검문에 걸려 "삼청교육대"로 입교했다
죽어나가는 동료들을 보고 밤마다 오열했다
어떻게 살아냈는지는 맛이가서 모른다
다만 새벽까지 고통으로 잠 못드는 날들을 살뿐
살아났으므로 차마 죽지도 못했다
"Sweet Home"의 꿈을 소망했지만 망쳐버린 사내

죄없이 病身이 되도록 맞아 부서져도 나몰라라하는 나라

한달만 지나면 몽땅 잊어버리는 망각자들만 사는 치매의 나라
역사가 창피한 나라에서
어느날 사내가 사라졌다
행방불명이다
시퍼렇게 날선 칼을 품고 다니던 사내
갈 곳이 어디인가…
시장통엔 여전히 푸른 문신만 남아있다

* 1980년 8월 4일 국보위는 각종 사회악을 단시일 내에 효과적으로 정화하여 사회개혁을 이룬다는 명분아래, '사회악 일소를 위한 특별조치' 및 '계엄포고령 제19호'를 발표, 폭력배와 사회풍토 문란 사범을 소탕하고, 이들을 죄질에 따라 순화교육 · 근로봉사 · 군사재판회부를 병행하여 뿌리를 뽑겠다고 선언했다. 잡힌자들은 "청송"으로 끌려갔다〈삼청교육대〉

"몬테네그로"로 가자

종일 문밖 계단에 앉아 해바라기를 한다
그나마 오늘처럼 비가 내리면 키높은 길보다 낮은
손바닥만한 창문을 비집고 들어오는 암갈색 빛에 기대어 숨을 쉰다
지하방으로는 이름도 없는 발자국소리가 자정께까지 분주히 오가고
먹이없는 정체불명의 곤충에게
빈곤의 나락은 시나리오 작가처럼 비루하다
명절 마트 아르바이트로 반년씩을 버티는 로봇 태권V의
명줄은 생각보다 질기다

해변을 따라 달리는 "몬테네그로"의 밤은 멋지다
재규어XFR의 V8엔진은 댐핑 강도를 노면과 주행상황에 맞게
능동적으로 조절하여 안락한 승차감과 함께 날카로운 핸들링을 선사한다
카지노를 들어서면 검색대를 거쳐 원형테이블에 홀덤포커판이 기다린다
수천만불의 판돈과 "드라이 마티니" 한잔에 Call… Call… Call… 레이스… 레이스…
"스트레이트플러쉬"가 "에이스플러쉬"를 밟고 Winner의 요트에는 밤새 축포가 터지고
맹그로브 정글숲 물위에 떠있는 신기루 섬들…

과일 풍성하고 보르도치즈에 수제소시지가 가득한 식탁엔 '샤토
라피트' 와인이
붉게 유혹하는 풍요로운 환락의 집 "몬테네그로"
목양을 키우고 바람을 키우는 아드리아 해변가 집

골목길을 돌아 가로등도 없는 시멘트계단을 오르면
등줄기를 타고 흐르는 땀
먹지 않아도 땀은 흐른다
배고픈게 뭔지도 잊은 지 오래다, 배만 그저 아플 뿐이다
반지하방 불 넣은지도 언제인지 모른다
불혹의 나이토록 짬뽕 한그릇이 이토록 힘겨울 줄 알았는가
삶 전체를 꺼구로 회전시키는 惡의 톱니바퀴
살아남기 위해 썩지 않으려고
대문앞 계단에 앉아 저물도록 해바라기를 한다
위장이 오그라붙어 물마시기도 쉽지 않다
졸립다……

이제
너의 집 "몬테네그로"로 가자

어디쯤일까

기우는 나를 기대게 해주는
비탈에 위태롭게 설 때 앞에서 웃어주는 이가
그대였으면 좋겠다
봄 여름 가을 중에서 어느 길로 나설까 망설일 때
눈처럼 희디흰 겨울마차를 태우는 그대는
그리움이 되지 못하고 떠나가네
어디쯤일까
우리가 만나고 헤어지던 길목이
또 다시 만날 일이 없기를… 하지는 말기를
여울목따라 돌돌 겨울 강물이 흐르고
거기 겨울 갈대로 울고 서 있어
철새 울음으로 다시 조우하지 않을까
어느 포구 시장통이나 아니면
집으로 돌아가는 높은 계단 층계 위로
서성거리며 머뭇거리는 발자국 소리
밤늦은 뒷골목 포차에 새긴 그림자에도
가슴 설레이는 우리는 세기의 방랑자
언제나 타인이란 이름으로 살지

어디쯤일까
우리가 그리움였음을 노래해줄 그 곳은

월정사 가는 길

어이— 이보시게
"부석사" 가는 길이 이 길 맞는가?
아닌데요…
이 길은 "구룡령" 넘는 길인데요
그럼 예서 "월정사" 가기는 가깝능가?
예에— 게가 더 가차울껄요…
그래? 어이— 팔복이— 이리루 가세
하얀 노인네 두분
하얀 겨울에 "월정사"로 길 잡으셨다

캔버스 위에 눈이 내리고
눈바람 속에
하얀 노인 두분이 간다

저문 바다에 침을 뱉다

장봉도 앞바다
숭어떼가 돌아오지 않는다
빈배는 바다를 안고 늙어간다
뻘밭도 검게 죽이 되어간다
평생 흔들리는 뱃전에서 새우잠을 자던 친구도
앞산 참나무 숲에 누운 채 말이 없다
정수사 절간 풍경소리마저 없다
바람도 처마끝을 휘돌아 비껴간다

맥주 보다는 고량주를
마일드 커피보다 '에스프레소'를
몹시 맵거나 짜거나
몹시 달거나 쓰거나
자극적이거나 충격적이거나
부드러운 것은 심드렁하다
죽기 아니면 까무러치기
몸이 독한 것을 원하기에

가장 아름답던 생애를 돌아
저문 바다에 배를 띄우는 심사는
뒤틀릴 수밖에 없다
풍경처럼 살자던 옛시인의 노래를 추억하는
나날이다

아릿한 슬픔도 동반하는 그런
겨울 숭어, 봄 꽃게, 유월 새우 그런 게 그립다
선두리 장봉도 앞 바다에
회한의 이부자리를 깔고 눕는다

풍경의 실루엣
고추밭 매는 아낙의 고된 다리 사이로
붉은 노을이 지고
길게 구불어진 전조등 불빛이 배회하는 해변 도로
바다 건너 석모도 선착장 아구리배 불빛이
밤새 은은하다
독할 것도 없이 허물벗는 뱀처럼
사람들은 밤을 벗고 아침을 다시 입는데

바다는 동행도 없이 빈속으로 자꾸 밀려온다

東海 가는 길

경주에서 동해 7번 국도 해안을 따라
처용가, 헌화가 신라의 詩歌들이 파도처럼 우루루 살아나고
소를 몰고가던 노인장이 절벽위 철쭉을 꺾던 임해정
담록색 먼 바다까지 설화가 숨쉬는 길
포항, 덕성, 광천, 대진, 명사 십리길
영덕, 병덕 휴게소, 평해 천리 해안길
열정 만큼이나 냉정했던 이기적인 세상길을 뒤로 안고
천둥 치듯 파고를 넘어 흘러 가는 길
울진, 양정, 죽변
파계한 스님처럼 길 끝에서 방황하는 영혼의 길
창밖은 바다, 파도, 해안선
소리없는 흔들림, 풀리지 않는 매듭
그 길 위에서
우린 언제나 타인, 낯설음 뿐

남해 양지바른 산 언덕엔
진달래가 꽃망울을 터트렸다는데
곤지암 사내에게서 소주 한잔하자는 연락이 온다
그 곳 창밖의 그 남자
지금
가슴에 눈이 내리나보다

4부

그 무성한 말들은 다 어디로 흘러 갔는지

바오밥 나무를 찾아서

제주도의 푸른 밤이나
생초리의 겨울 밤이나… 속절없는…
누가 죽었다는 소식
새 생명이 태어나는 소리
윤회의 수레바퀴는 쉼없이 도는데
구르고 싶고
솟구치고 싶고
날고 싶어도
말뚝마냥 거꾸로 서 있다
가스등이 시린밤 기이한 사람 만나서
바람같이 지구 반대편으로 사라진다면 얼마나 멋질까
우연한 사람 만나러 가자
만나서 바오밥 나무를 찾아가자
킬리만자로 "마다가스카르" 그 곳
함께 수천년을 살아도 좋을……

세상에서 제일 맛있는 자장면

우리동네 착한가게
주방장은 꼭 명품조연 고창석 닮은 산적 스타일
머리엔 산적용 두건도 걸쳤다
자장면 한그릇에 학생은 봐줘서 2000원, 어른은 그냥 2500원
현대화랑 사장님, 경비아저씨, 프라하 카페사장님, 미화원아저씨, 우체부아저씨,
꼬부랑할머니 삼삼오오 모여 함께 먹는다
초중고 학생들 하교길은 자장면 기본에 탕수육 6000원이면
만땅해결
착한가게 명패가 자랑스럽게 가격표 옆에 떠억하니 붙어있다
짬뽕은 홍합, 오징어, 해물이 진탕이니 3500원
맛나게 먹고나서 인사 한마디씩
잘 먹고 갑니다…
감사 합니다 또 오세요…
돈벌이가 될까?
얼마나 남을까?
우쨋든간에 세상에서 제일 맛있는 자장면
싸서 그런 게 아니라니까
정말 맛있다니까

그 무성한 말들은 다 어디로 흘러 갔는지

가을 벤취에 등을 기대고 앉았을 때
전해오던 심장 맥박소리,
아우성 같은 말… 말… 말들
식탁 밑으로 전해오던 발가락 인사는
가파른 절벽의 외나무 다리에 선 아스라한 절정
그대는 그때 왜 강이 되지 못하였는지 알 길이 없다
서귀포 앞바다를 노래하던 시인도 이미 바다가 되었는데
나는 왜 아직도 바람이 되지 못했는지 또한 알 수가 없다
태종대 앞바다에서 바다 갈매기를 몰면서 그대와 난
왜 그 바다에 뛰어들지 못했는지 알 수가 없고
한계령 설산 숲 길에서
영영 돌아오지 못할 길로 접어들지 못한 이유를 알 길이 없다
말, 말, 말… 말들만 거짓말처럼 무성히 자라
별들이 되었는지, 은하수가 되었는지…
그 말들은 다 어디로 흘러 갔는지
알 수가 없다

이젠 다 흘러간 이야기
변할 것 조차 남지 않은 불쌍한 生이 지나간다
평생 알 수 있었던 것은
아무것도 없었다

시월의 마지막 밤에 어떤 늙은이가

아무 의미도 없는 새 달을 맞소이다
사람들은 지난밤을 '시월에 마지막 밤'이라고 되지도 않을 의미를 부여하고
무수한 스마트폰 카톡전언에는
트롯가수 '이용'의 '잊혀진 계절'인가 뭔가하는 그 노래가 강타하고
밤이 되자 아이들은 삼삼오오
물 건너온 뭔Day(할로윈데이)가 하는 귀신바가지 장난에 정신이 없는데
이 세월이 도대체 뭔지 모르겠어서 불안했소이다
그렇게 의미있는 시월의 마지막 밤은 어깨도 아프고, 가슴도 아프고
심지어 거기까지도 아픈데
뭔 시월의 마지막 밤이 어쩌구저쩌구 왜들 그러는지
도대체 나는 모르겠오
누구는 감정이 그리 메말라서 워찌 사냐고 도 하고
무드는 무말랭이 말리려해도 없대나 뭐래나 도 하고
분위기가 꽝이네 어쩌네… 아야! 난 모르겠오…
시월에 마지막 밤에 어떡해야 하는지 제발 갈쳐주쇼
내일 먹을 밥 떨어졌다 봐야하고
먹을 반찬은 있나 없나도 점검해야 하고
Gas는 안 떨어졌나, 꺼내논 전기 장판은 잘 돌아가나도 봐야되고
맞다 맞어…큰일이네…
시월의 마지막 밤이 지나면 추워지긴 하더라

연탄 들여 놔야되고, 눈 내리면 못 나가니 쌀도 비축해 놔야하고
글은 써야하니 연필은 너댓자루 미리 구비해 놔야겠오
그래 시월에 마지막 밤이란 내겐 이런거였소
어쩔수없이 더 살아야해서 준비해 놔야할 월동장구들이
내겐 시월의 마지막 밤이더이다
그럼 내년에도 아무 의미도 없을 시월 마지막 밤에
볼 수 있을려나는 모르겠는데
여튼 보게 되면 봅시다……

유서는 뭐하러 써

"손자에게 티비 채널권 빼앗기고
애완견에게 밥 먹는 순서마저 빼앗겼다"
이렇게 굴욕적으로 사느니 차라리 길바닥에서 굶어죽겠다던
어느 늙은이의 유서장에서 인간의 말로를 본다
늙으면 애완견만도 못하다는 소리는 어제오늘 얘기가 아니다
단물핏물 다 빼주고나서 받는 거룩한 대우
두어 평 골방이라도 차지하면 행복이고
찬밥이라도 챙겨 먹을 수 있으면 다행이라는 노인네의 소리는
요즘 사람들 세상,
한치앞을 못 보는 똑똑하고 잘난 인간들이 만든 콩가루 세상이다
유서는 뭐하러 써… 왜 죽었는지는 알만한 사람들은 다 알텐데
경일이 엄마는 끼니 굶으며 4남 4녀 모두 대학공부 시키고
번듯하게 출가시키더니만 노년에 기댈 언덕조차 없어서
결국 길바닥에서 비명횡사(非命橫死) 하더라니
인간이 제일 못되고 나쁜거 천지가 다 아는데 구구절절 유서는
뭐하러 써
왜 죽었는지는 남들이 더 잘알아
그래도 남은 재물은 넘겨주고 가야한다고?
문경 땅이랑
농협 정기예금이랑
메리츠 화재보험, 삼성생명보험, 동부화재 암보험
만기되면 타라고 해야된다고?
그래 써라 써!!
길바닥에 내 쫓길 주제에 챙기기는

땅 뺏기게 생겼다

GEE랄! 염병할!
내 땅 독도가지고 싸움을 한다
왜놈들은 물밑으로 외교전인데
엽전들은 앉아서 소리만 빽빽 지른다
이러다 땅 뺏기게 생겼다
목소리 큰놈이 이기는 건 호랭이 담배피던 시절얘기
이놈저놈 물밑 공세는 약삭빠른 왜놈 따를자가 없다
양놈들도 재물 앞엔 장사가 없으니까
우린 동네에서 소리만 빽빽지르고 있으니
그 소리가 지구 반대편까지 날아가겠는가
불보듯 훤하니 앞날이 걱정이다
오죽하면 축구선수까지 동원할까
하긴 돈 안 드는 홍보니까
쪽은 이미 다 팔렸다

김장훈이나 믿어 봐야지…

크리스마스의 행인

나는 보도위의 행인
사막위를 걷는 낙타보다 느리다
막걸리 한잔에도 반쯤은 눈이 감기고
휑덩그레 남겨지는 그림자처럼
몸은 파도처럼 출렁거리고 생각은 먼 섬이 되는
갓 볶아낸 커피향도 아닌
유효기간 벌써 지난 쓰디쓴 원두가루
절정이 한참 지난 그렇고 그런
원주민동네 사람

정갈하지도 못하고 반짝이지도 않은 시간
그 속에서 아이도 되고 어른도 되는 유치원 유희처럼
풍금소리 오래된 정원에서 잠이드는 목자
년중 성탄 미사에는 꼭 참석하는 나이롱 신자
성인께서 특별히 용서한 꼴통 냉담자
별도 품고 달도 품고 바다도 품을 줄 아는 행려자
황금 마차의 방울 소리가 들리면
연미복을 입고 나서는
반쯤은 정신나간 망아지

나는 호박넝쿨이 변한 엑스트라
신델레라 아가씨 마차의 마부

주술사의 지팡이 한방에 사라지고 나타나는
수많은 노숙자 중의 하나
포졸I, 머슴II, 걸인III…
고요한밤… 거룩한 밤… 어둠에 묻힌 밤…
세상 사람들은 축복의 노래를 부르지만
베게맡 아득한 종소리가
총소리처럼 들리는
나는 고독한 구도자(求道者)

미련한 사랑

사랑은 불가능이 없다
자신을 던질 수 있게 만드는 무서운 파괴력이 있다
이 저녁 먼 기억을 더듬는다
던져본 적이 없는 사랑의 무력함에 무릎 꿇는다
이 밤 미련했던 사랑을 후회한다
그 지나간 사랑을 시작하려니 길의 끝이 보인다
아 비겁한 사랑이였구나
아 너무 멀리 와버렸구나
뉘엇뉘엇 불꺼진 집으로 되돌아 온다
감히 말하마
두려워 마라
한번 지나가면 다시 돌아오지 않는 게 사랑이려니
던져버려야 할 때 던져버리고
버려버려야 할 때 버려버려라
봐라
저 때늦은 저녁 돌아오는 사람들을
하지만
미련한 사랑에 속으며 내가 여태 살아가는구나

바람의 남자

아득한 저편
안데스산맥으로 떠난 사내는 어느 협곡에서 머무는가
흙벽돌집 라촘바(La Chomba)에서 '치차(ChiCha)'를 마시고 있을
바람의 사내는 공중도시에서 구름을 타고 있는가
우루밤강가에서 별을 헤며 술잔을 기울이다 잠이 들었는가
오늘은 비루카밤바로 가는 어느 봉우리를 넘고 있을지
어느 기슭에서 쉬어가는지 말해주지 않는다
방랑의 길은 끝이 없어 하늘 길이여라
바람의 길이라 가르쳐준 이 없어도
내일은 또 바람부는 쪽으로, 달이 뜨는 곳으로
별을 헤는 밤은 고독하지 않으리
욕정은 묻어두고 정따윈 걷어버리고 흘러가는 길
바람이 전하는 말
미련은 남겨두지 마라, 마음밖에서 살라
그래서 아득한 곳으로 붉은옷을 입고
울며 떠난 사내가 있었다

그대에게 가는 길은 너무 멀다

가깝게 오라 하지만
가까워지면 마음이 너무 멀어질까 두려운 까닭이다
종일 뒤적뒤적 책을 읽다가도 문뜩 생각나는 사람이라서
다가서면 한 발자국 더 멀어져만 간다
술 고프면 한잔 먹으면 그만이지만
사람의 거리야 어디 그리 단순무지 한가
복잡하게 얽켜 돌아가는게 인연, 사람의 관계
큰일이다
봄이 오면 눈 녹듯 풀어져
달래꽃처럼 선홍빛으로 가슴 한구석이라도 병들면
약도 없다
만병통치 양귀비 아편인들 무슨 소용이랴
그대가 꽃처럼 피어날 터인데
그리 멀던 길이 코앞으로 오면
냅다 줄행랑이라도 쳐야할텐데
필시 굳어버릴텐데 뭘…
그러니 낭패다
그대에게 가는 길은 겨울처럼 멀고
봄은 저기서 손짓하는데
나는 피어나야 하는가
져야 하는가
그대는 아직도 나를 기다리기는 하는지

침묵의 집

사람의 집에
사람의 소리가 없다
바시락거리는 소리도
궁시렁거리는 소리도 없다
멱 졸리는 소리만
단말마(斷末摩)처럼 들릴뿐이다

아침이면 살짝 들고나는 소리는
바람이
다녀가는 소리일 것이다

가을 편지

이 가을엔 편지 한통은 써야 할 것 같습니다
한계령을 넘어가듯
은비령을 넘어가듯
태백준령을 타고가든 상관없을 편지를
써야 할 것 같습니다
선운사에 상사화가 붉은피를 토하듯
보내야 할 이 저무는 가을을 받아적고 싶습니다
빨간 우체통을 찾아헤멘 지난 수년 세월을 따라
오늘 이 저녁 만혼의 슬픔을 적습니다
눈물이 뚝뚝 떨어져 얼룩진 이 편지가 마를 때쯤
긴 한숨의 편지를 부치렵니다

누님 닮은 능소화가 뚝뚝 떨어집니다
어느 공원묘비에 누님이름 적힌 편지가 당도하면
늙어가는 둘째동생이 보낸 편지라 하십시요.
"커닝햄 폴스" 공원 호수에는 누님 닮은 노을이 집니다
이 가을에는 편지를 써야 할 것 같습니다
먼저 길 떠난 작은 누님에게……

04시 03분에서 05시 17분까지

별안간 잠에서 깼다
연유는 모르겠다
뒤척여봐도 잠은 다시 오지 않는다
스탠드등을 켜고 “박정대” 시집(모든가능성의거리)을 읽는다
더욱 명징하게 잠을 쫒는 글들 뿐이다
후닥닥 넘겨버리고
2011 작가가 선정한 오늘의시 시집을 펼쳐본다
감동을 주는 글이 눈에 안 잡힌다
후닥닥 넘겨버리고
2011 작가가 선정한 오늘의 소설집을 펼친다
참으로 지루하고 재미없는 이야기들 뿐이다
소위 추천위원 명단에 120명의 이름들이 빽빽히 적혀있는데
재미없는 글들을 좋아하는 사람들 명단인가 보다
나는 예술혼도 없고 지극히 통속적인가
안 맞는것 보니 그런 것 같다
마지막으로 얄팍한 분량의 “에릭파이” 소설 〈나가사키〉를 펼친다
29쪽에서 덮었다
번역작가의 말로는2010년 아카데미 프랑세즈 대상 수상작이라 하는데
별로다
역시 나는 불량하고 참을성이 없으며 깡통이자 유치하게 통속적이다

창밖으로 매미가 울기 시작했다
05시 17분
4권을 재미없이 훑었다
천장에 내가 가고싶은 지구별 동네를 그린다
매미소리가 시끄럽다.
박정대는 끔찍하게 많은 동네들을 돌아다니며 저만 좋아하는 시를 많이도 썼드만
나는 2평반짜리 자리에 누워서 무슨 몽상을 하는가
스케일이 다르다, 투자액이 다르다
모든 가능성의 거리에서 나는 왜 빠져버렸는지 모르겠다
왜 나가사키의 쉰여섯살의 독신남자는
29페이지까지 지지리궁상만 떨어 책을 덮게 만드는지
모름지기 소설은 5쪽이내에서 시는 3연 이내에서 승부를 걸어야 한다
인내를 시험하는 책은 좋은 책이 아니다
내일은 쉰여덟의 나가사키의 여자를 만나려고 소설 30쪽부터 다시 볼지도 모른다
모래는 박정대 시집을 다시 숙독하고(앞 "새들의 북호텔" 포함 서너편은 좋았다)
120명의 작가가 선정한 오늘의 시집과 소설집을 다시 면밀히 정독할지도 모른다
난 이들을 결코 무시할 수 있는 주제가 못되니까

사설과 변명을 늘어놓다보니 아침 먹을 시간이다
오이짠지와 아삭이고추와 당근, 피망, 오이소박이를 꺼내놓고
밥에 물을 만다
여름에 먹는 재래식 아침 식단에 나름 만족한다

이빨 닦고 세수하고 화구를 챙겨메고 집을 나선다
불후의 명작을 그리러 발걸음도 씩씩하게
철부지…

나도 먼 데를 가고 싶다
매일 가까운 곳에서 노는 것이 정말 싫다
혼자서도 잘 논다면서 혼자 노는 것이 지루하다
04시 03분에서 05시 17분까지는 열심히 책 읽었고
딱 05시 17분에 매미가 울더라니까…

신기루를 쫓다

늦은밤 공원 산책길에서 두손 잡고 나란히 걷는 젊은부부를 본다
만삭의 배를 가진 아내의 건강을 염려해 나선 길이리라
언제였던가…
아이를 밴 아내의 손을 꼭잡고 동네 한바퀴라도 돈 적이 있었는지
집 한칸 마련하고자 열한시간 날아서 간 열사의 나라에서
낙타와 신기루와 끝없는 사막길 가운데 길을 잃지 않고 싸운 젊은피
맞바꾼 집 때문에 큰아이 작은아이가 태어나는 것도 모르고
모래바람과 싸워 얻은 내 집의 의미는 태산 같았는데
그 집의 가치보다 더 많은 소중한 추억을 도둑맞아 버렸다
자식도, 마누라도, 그 집도 이젠 싫다
젊은 부부가 꼭 잡고 걷던 그 산책길이 더 커 보인다
재물은 가질수록 불행하단걸 진즉 알았다면 좋았을껄
재물 모으는 길로 자식을 내몰고
재물 쓰는 법만 알아버린 마누라는 초심을 잃었다
월세방에서 애낳고 살던 가난한 시절의 행복은 다시 찾을길이 없다
고래등같은 집을 쓰고 사는 졸부들의 불행과
허기진 보리고개를 넘기며 감자알갱이를 나눠먹던 食솔의 행복은 시대적 착오일까
내가 지으려했던 모래성과
단란한 가족의 초상앞에 잃어버린
탐욕의 언덕만 덩그러니 남아있고

'쥬베일'에서 '알코바'공항까지 냉동된 동료를 싣고 달리던 사막의 길위에는
아직도 뼈아픈 흔적들이 남아
바람은 지구를 몇번이고 돌아 그 열사의 땅에 비를 뿌리는데
오늘…
공원 산책길에서 마주친 젊은 부부의 나들이 길이 왜 이다지 부러울까

싫다
집도 절도 싫고
자식도 마누라도 싫다
뼈저린 회한으로 길이 보이지 않는다
신기루였다면
다시 시작해보련만……

“숲”이라 불리는 남자

그 남자는 우리동네 살아요
흔적없이 사라졌다 흔적없이 나타나는
바람같은 사람이죠
누구랑 사는지 어떻게 사랑하는지는 잘 몰라요
몇동 몇호 사는지 따라가봐도 금세 어디론가 사라져버려요
어느 햇볕 따사로운 봄날 ‘학의천’을 걷다 그 남자를 만났어요
한가히 캔버스 위에 흰빰검둥오리, 쇠오리, 고방오리가 노는
풍경을 그리고 있었어요
머리숱도 턱수염도 길게 자랐데요
마치 화양연화(花様年華)의 장만옥 애인처럼 많이 초췌해 보였는데
마지막 그림을 그리는 것 같았어요
사십쯤… 오십쯤… 육십쯤… 죽을 나이쯤 됐을까…
몇주전엔
방배동 벼룩시장에서 폰쵸를 입은 페루 인디오 남자들 틈에서
Nat King Cole의 Quizas, Quizas, Quizas… 팬파이프 연주에 맞춰 춤을 추고 있더라니까요 웃겨…
몇년 전 잃어버린 도시 “마츄피츄”에서도 봤는데…
바람처럼 사라졌다 바람같이 다시 나타나는 ‘콘도르’같은 사람
존재감도 없는 별 볼일없는 사람
‘논느억’ 해변에서 본 장국영 같은 남자에요

그가 어느 자작나무 숲에서 왔다고들 하던데
어디쯤 숲인가 모르겠어요……

바람궁전

바람, 바람, 바람,
달, 달, 달,
궁전, 청동거울, 램프,
프라하, 카스피해, 파미르고원, 페르시아 여행길에서
기억, 무늬, 흔적들
패션모델의 엇박 걸음걸이로 사진기를 든
그녀가 바람 사이로 걸어간다
밖으로 비바람 소리도 지나간다
슬픔이 견고하다니
직립으로도 누울 수 있다고 우기는 사람들은
시인들 뿐이다
그들의 사막같은 말들이 섬뜩하다
폐허를 사랑하는 사람들의 나라
그 무서운 사람들이 말장난하는
달의 궁전은 우리같은 평민의 거리에는 없다

저기 사진기를 들고 엇박 걸음으로
교태롭게 소금밭을 헤메는 철딱서니없는 여자
그의 집일 뿐이다……

죄가 많다

이미 저질러진 시간은 지나가고 있다
포구를 휘집고 다니는 하늬 바람처럼
끈질기고 집요하게 뒷 걸음질로 해결되지 않는 떠밀림으로
이곳까지 왔다
착하게 살았어도 죄가 깊다
가끔은 세상에게 변명도 하고 싶다
그대들이 떠난 뒤에도 부지런히 안부를 묻는 너는
세상에 잘보여서 당당하게 살지만
술에 취해야하는 사람들
뺑이라도 쳐야 살아낼 삶
숨죽여야 하는 사람들
시들어가는 나날을 허풍스럽게 떠들어대고
깔깔거려야 사는 사람들
뻔뻔해야 들키지 않고 버틸 자존심
세월을 보내고 나면 남는 구차함
내려 놓으려해도 내려놀 짐조차 없을 가벼움으로
뻗고 싶다
다들 철새라고 말하고 싶지만
친구도 있고, 처 자식도 있고, 애인도 있고,
쟁쟁한 지인도 많은 너로 기억하고 싶다
저질러진 시간은 앞서가고 있지만
주저앉을 시간도 없이 떠밀림으로 여기까지 온 누구는

착하게 살았어도 죄가 많다
세상을 기만한 죄
사람을 아프게 한 죄
세상이 무서워 아편쟁이처럼 덜덜 떨고 산 죄
아무에게나 덮어놓고 사랑한다고 말한 죄
양가죽을 뒤집어쓰고 멍청한 척 한 죄
바람과 비와 안개와 넋두리 한 죄
수천 개의 가면을 만들어 판 죄

마지막으로 제일 큰 죄는
착한 척 산 죄

개만도 못한 歸路

지구 반대편 어느 포구로
마흔 중반에라도 길을 떠났더라면
고기잡이 어부라도 됐을텐데
그럼 절여진 주름이라도 귀끝으로 걸렸으련만
게을러터지고 주변머리없이 앉은뱅이처럼 있다가
먹먹히 귀가하는 지친 전동차속 꾸벅꾸벅 조는 행려
서른살 후반이라도 다 팽겨치고 정글로 들어갔다면
콩고 고릴라처럼 발가벗고 세상만사 걱정없이 살텐데
되지 않은 시인 행세하다 가랭이만 찢어지고
화판에 떡칠하면서 비싼 물감만 아깝게 낭비하고 있다
비웃듯 봄 햇살이 저만큼 걸려있다

큰댁 "아롱이"가 죽었다는 전갈이 왔다
개 팔자 열 다섯살이면 천수를 누린게다
지난 명절 때 보니 연로하셔서 등마저 꼬부라졌드만
평생 주는밥 먹고 귀염만 받다가 병치레도 없이 갔으니
개팔자가 여느 인간보다 훨씬 낫다
똥개였드라면 어느 여름 복날에 벌써 끝장이 났을텐데
놈의 팔자에 슬그머니 어깃장같은 부아가 인다
'아롱이'는 말티스(Maltese)종으로 지구 반대편이 고향이지만
물론 그쪽에서 문상객은 아무도 오지 않았다
어쨌든 개 생애가 나보다 많이 화려하다

눈 멀고 귀 먹고 갈 곳도 없다
어찌 타인들은 죽기살기 재물쌓는 일에만 열심인지 모르겠다
웬만하면 같이 놀았으면 좋으련만
일과 돈독이 누렇게 들어 땟깔이 노숙자만도 못하니
삶이 저기 허허벌판에 있을지라도
늦은 날 어둑어둑한 길 모퉁이에서
가엾은 이들끼리 모여 대포 한잔이라도 하면 좋을텐데

산다는 게 개뿔 뭐라고……

豪雨 時節

그땐 무모했으리라
절실했고 옆은 보이지 않았으니까
미쳤으니까
지나가는 소낙비처럼 살았다해도 후회는 물론 없다
한 시절이 그렇게 지나가서
그 기억으로 남은 시절을 오롯이 견딜 수 있다는 게
다행스럽고 고마울 뿐이다
툇마루에 멍하니 기우는 오후 햇살을 보다가도
산마루 도깨비 비가 지나가면 슬며시 웃는다
마치 나만의 비밀이 있는 것처럼
올인할 수 있었던 무모함의 정체는 무엇이었을까
서로 파고들어서 더 이상 스밀 때가 없을 때까지
젖어 들었으니까

한 시절은
그렇게 소낙비처럼 가고
건널 수 없는 강을 앞에 두고 노을은 마냥 붉다
미안하다는 말은 말자
그리워도 말자
같은 하늘아래 늙어가면서
누구의 잘못도 아닌 그 격렬했던 시절을 후회하지는 말자
최루탄 같았던 시절

온몸이 멍 자국이 남았더라도
미안했던 것은 미안한대로
미워했던 것은 그것대로 묻어 가기로 하자

누구나 한 시절이
그렇게 가는 것이 아니더냐

봄의 습격

양지쪽으로 민들레, 제비꽃이 폈다
눈길을 애써 외면한다
쳐다보면 기가 살 것 같아 일부러 모른 척 한다
오후 햇살이 포근하다
그늘로 숨어든다
화살처럼 날아오는 비수를 맞고 싶지 않다
데이고 싶지도 않다
옷깃을 단단히 여민다
바락바락 가슴을 파고드는 바람이 밉다
언제 봤다고 남의 가슴을 파고들어… 얼굴도 참 두껍다
봄은 침략이다
지나가면서 숱한 사고를 터트린다
여럿 다치고 여럿 죽어 나간다
때론 누군가의 뭉친 속을 풀기도 하지만
누군가를 함몰시킬 수도 있기 때문에
총칼만 안 들었지 침략자의 시퍼런 날을 갖고있다
벚꽃 휘날리며 단양 가는 길
여럿이 충주호로 투신하고
양팔 가득 펄럭이는 옷자락처럼
월악은 청풍처럼 피어나는데
다친 부상병들은
어느 보건소에서 치료를 받아야 하는지 모르겠다

겨울 남자

떠돌다 떠돌다 동백같은 사내가 겨울섬에 닿았다 모래톱이 얼고 풍경이 죽어서 꼼짝도 않는 포구가 동백아가씨를 부른다 석양이 지고 여인숙에 불이 켜져도 솟대처럼 서있는 사내 바지락 삶은 양푼처럼 뜨겁던 여름, 섬에서 물질하던 아낙도 떠나버리고 잊지 말자던 모래밭 맹세는 흔적조차 없다 그 밤 솟대같은 사내의 발자국이 바다로 걸어들어가 버렸다 여인숙 창가엔 밤새 발자국 세듯 눈이 내렸다.

겨울엔

사랑을 잃어버린 사람들의 나라에 가자 청산리에 닿는 뱃전은 언제나 눈처럼 뽀송뽀송 하지만 학암포로 가는 밤길은 발바닥이 부르트도록 멀어서 아프다 하얀 달빛을 타고 싸릿재을 넘으면 동구밖 개짖는 소리, 사그락사그락 눈밟는 소리, 당신이 걸어들어간 섬바다 그 불멸의 나라에 닿을지도 몰라 지금도 지나가고 있거나, 오래 전 버리고 온 무심한 기억 속에는 어떤 섬이 떠다니고 있을까 사랑을 잃어버린 날, 못내 앓던 밤, 동백아가씨처럼 솟대로 서서 겨울 바다가 되고 뼈아픈 목을 걸지 어쩌면 혹시 그사람이 올 것 같아서 남자는 겨울바다로 가고 있는지도 몰라……

아침

전생을 건너
이른아침 잠에서 깨면
이승의 삶은 아련하고 낯설다
간밤 쏟아져 내리던 별빛과
막막한 사막 가운데 서있던
대추야자 그늘이 못내 그리워져
꿈에서 깬 것이 허무하고
허전하기만 하다

베개맡으로 어느새
쓸쓸한 계절들이 묻어나고
밤새 방황하던 흔적들이
이불깃에 아리게 서려 있어서
차마 일어나지 못하고
죽은 듯 숨죽여 있기도 한다

긴 생을 걸어와
마지막 닿은 마을에 짐을 풀어 놓듯이
만갖 상념들을 내려놓고
멍하니 천정에 시선 하나를 그려 넣는다
무엇을 위해 살아나야 하는지
그냥 움직이지 않았으면 차라리 좋겠다

긴 여행에서 돌아온 구도자처럼
생의 윤회는 마디마디 절절하기만 한데
신에게로 가는 길은 멀고 험난하기만 하다
가슴이 아려오는 것은
슬픔이 아니라 차라리 통증이었다

사람들의 아침은 모두 이러할까…
문뜩
하늘 호수로 떠난 어느 수행자가
내내 울고 다녔다던 황량한 풍경 앞에
서고 싶다
'갠지스' 강가에서
그 '구다리바바'를 만나고 싶다…

* 구다리 바바 : 누더기 천조각으로 옷을 만들어 입고 다니는 사두(인도의 수행승). 긴 머리를 늘어뜨린 이들은 흔히 탁발 고행승이라 불리지만 다른 종교의 어떤 수도승들과도 다르다.

그해 가을

그해 가을 문턱에서
다리를 절며 세월에 묻혀가던 날
지나가던 바람을 만났다.
그냥 스쳐가는 바람인 줄 알았다.
그 바람에 깨물린 자리가 덧나고 번져서
지금 죽을병이 되어버렸다.
이때쯤되면
여지없이 죽을 듯 아파져서
정신도 내려놓고 무작정 산다.
고쳐보려고 애를 끓이고
별별 짓꺼리 다해봐도 영영
약이 없다.

이제 나는 그 바람 곁에서
그 바람과 함께 걸어가고 있다.
물린자리를 고치려는
우매한 짓은 하지 않는다.
느끼는 아픔 그대로
죽지않을만큼 그 정도로
살아내려 하고 있다.
아린 가을날에
쓰디쓴 상처로 다리 절며
단풍나무 목발을 짚고 간다.

묻지 마라…
그해 가을 문턱이
얼마나 시렸는지는

딱도 하시네 그려

도망갈데 없어 살고
끼니 걱정 때문에 살고
새끼들 눈에 밟혀 살고
너 보기 역겨워 살고
그렇게 살아지고 살고지고

질긴 업보 끝나는 날
새가 될 수 있을까
바람처럼 살 수 있을까
걱정 앞서 어느새
知天命일세 그려

남들은
훠이훠이 잘도 날아 가드만
내 원 참……

말하면 뭘해

누구나 한번은 네가 좋은 적이 있었겠지
그러나 그게 다는 아니야
언젠가는 싫어지니까
인생이 길고도 짧은데 말은 해서 뭘해
뭐든 좋다 싫다 하는게지
멀리 한번 길 떠나봐
부질없음이 뭔지를 알아

사랑을 막 할 수는 없었습니다
맘이 따라가야 하는 것처럼
고르다 고르다 반백이 되고, 백발이 되고서야
사랑이 뭔지 알았으니까요
향기가 뭔지 알았으니까요
그렇게 살았으니 남는 게 하나도 없지요
남는 게 없으면 또 뭐 어때서요

해 넘어가듯
몸이 한쪽으로 기울어 갑니다
향나무 가지에 몸을 묶고 삽니다
사랑없인 못 산다던,
사랑밖에 모른다던 그이도
사랑 한번 못해보고 황혼입니다
그러나 사랑을 막 할 수는 없었습니다
왠지 뭔가 소중한 거 같아서……

심상(心想)을 크로키(croquis)하다

한국문학작가연합 詩人, 一永 **高青明**

프랑스의 철학자 바슐라아르(Bachelard)는 "시인(詩人)들은 타고난 현상학자(現象學者;보편적인 현상을 보고 이해해서 전달하는 사람)이다."라고 말하는데 시인의 시들을 보면 이 말이 딱 들어맞는 느낌이 든다.

화백(畵伯)이기도 한 시인은 시인 자신과 또 자신 주변의 낮고 소외된 인물들의 소소한 일상에서 소재를 찾아 필명(筆名)겸 닉네임(nickname)으로 사용 중인 "자작나무숲"의 자작나무 껍질들이 한순간 발화(發火)하듯 순간순간 캐치(catch)한 심상(心想)을 곧바로 크로키(croquis)처럼 순발력 있게 시로써 읊어대고 있다. 하기에 그의 시들은 감성에 충실한 만큼 꾸밈이 없어 일면 보기에 거칠고 또 시의 소재들로 인하여 침울해 보이기도 한다.

보통 시를 "언어의 유희"라고도 하는데 이러한 까닭에 다수의 시들이 유려한 문체를 뽐내며 아름다운 세상의 안락함과 영원한 사랑을 노래하듯 읊어대고 있으나, 시인의 시들을 보노라면 그림에 있어 화려한 채색과 유려한 곡선으로 아름다운 풍경이나 미인들을 그려 넣은 그림들과 달리 목탄으로 그려 투박해 뵈는 그러나 역동적 질감이 생생하게 살아있는 크로키(croquis)작품들 중 실오라기 하나 걸치지 않은 채 헐벗고 상처 입은 자의 적나라한 누드크로키(nude-croquis)를 대하는 느낌을 받게 되는데 이러한 것들은 시인이 시집 속에서 〈아프지 않은 것은 없다〉라고 읊어 놓았듯이 "이 세상에 아픔 없는 자 누가 있겠느냐?"라는 말이 있는 것처럼 시인이 펼쳐놓은 크로키(croquis) 같은 시들은 크로키(croquis)작품들이 지니고 있는 공통된 특성인 강렬한 이미지의 부각으로 인하여 시인의 시들을 음미하다 보면 각각의 시들이 지닌 이미지들이 서로 연계되며 마치 페이퍼무비(papermovie)처럼 독자들의 가슴을 파고들어 독자들 또한 하나씩은 가지고 있을 법한 아픈 상처들을 끄집어내면서 미국의 사회학자 기딩스(Giddings)가 말한 동류의식(同類意識)*의 범주 속으로 독자들을 끌어들여 시인과 하나로 융화되게 한다.

시인의 시들을 살펴보면 시집 제목이 『나의 감옥』이듯이 삶 속 사랑의 실패와 노년의 곤궁함에서 오는 비애(悲哀)와 고독(孤獨) 그리고 그러한 시인의 걸음과 궤적을 같이하는 세상 속 절망에 허덕이는 군상들의 모습들에 시인의 시선이 가 닿아있는 까닭에 시인의 시집을 대하노라면 목탄의 거친 질감으로 삶의 아픔들을 크로키(croquis)한 작품집에서와 같이 짙은 염세적(厭世的) 향기를 맡을 수 있게 한다.

삶의 절망……, 키에르케고르(Kierkegaard)는 절망을 일러 "죽음에 이르는 병"이라 정의하고 있는데 시인의 염세성(厭世性) 짙은 시들이 대부분 사랑과 삶에 있어 절망적인 상황들을 묘사하고 있고 장시(長詩)의 형태를 띠고 있는 시 자체가 독자들이 몰입하기 쉬운 이미지화 된 회화성을 지녔음에 반하여 독일이 낳은 세계적인 대문호 괴테(Goethe)의 "젊은 베르테르의 슬픔"에서 기인한 것과 같은 "베르테르효과"가 왜 일지 않는 것일까? 하는 의문이 들었었는데 그 까닭은 시인의 시 속에는 '시장 통의 1,000원짜리 국수집'과 '낙원동 2,000원짜리 해장국집' 그리고 '싸고 맛있는 자장면집'과 같이 헐렁한 주머니로도 주린 배를 채울 수 있는 따스한 이웃들이 있고 뜨거운 사랑을 새로이 불태울 수 있다는 희망이란 복선이 깔려있는 까닭이었다.

이러한 희망이야말로 기독교에서 말하는 "영원의 생명"으로써 키에르케고르(Kierkegaard)는 이것만이 "죽음에 이르는 병"인 "절망"으로부터 벗어날 수 있는 유일한 탈출구라 하였는데 시인 또한 시집 속 〈크리스마스의 행인〉이라는 시를 통해 시인 스스로가 천주교 신자임을 밝혔듯이 시인의 시집 『나의 감옥』에 수록된 염세성(厭世性) 짙은 시들이 절망적인 분위기 속에 복선으로서 희망을 품고 있었던 까닭에 방황하던 중 바로서고 또 시인의 감옥 중 하나인 좁은 방 안 침대에 누워 천장으로 세계여행의 그림들을 그려댈 수도 있었던 것이다.

시인이 육십 중반에 손주가 있는 초로(初老)의 연배임에도 불구하고 그의 시 속에서는 항상 새로운 사랑을 꿈꾸고 또 거기서 나아가 〈마지막 연애〉와 같은 뜨거운 사랑을 현재진행형으로 갈구할 수 있었던 의식의 밑바탕에는 시인이 가지고 있는 신앙으로써 기독교적 "부활"이 있었기에 가능한 것이었다.

우리가 일반적으로 접하고 말해왔던 "다시 태어난다면 이러이러한 사랑을 하겠다."라는 명제의 저변에는 아주 오랫동안 우리들의 삶과 함께 해 온 불교에서의 "환생"이란 개념이 전제되어 있는 것임에 반하여 시인의 사랑관은 기독교적 "부활"에 기인한 까닭에 새로운 사랑 또한 현재의 육체와 정신으로 맞이해야 할 대상인 것이다. 그렇기에 그의 사랑은 언제나 현재진행형으로 전개되고 있는 것이며 이러한 "부활"의 믿음은 시인 스스로 영혼만이 아니라 현재의 육신 또한 영원불멸의 대상으로 인식하게 하여 시에서 그려지고 있는 시인 자신을 둘러싸고 있는 가부장적 가정의 파괴와 사랑의 실패 그리고 곤궁한 삶속 고독의 절망적 상황 속에서도 언제나 끊임없이 살아내려는 의지를 불태울 수 있게 하는 생명의 원천이 되고 있는 것이며 나가서는 시인의 시집 『나의 감옥』을 접하게 될 독자들이 가지고 있을 각각의 아픔들과 동류의식으로 섞여 깊은 공감대를 형성하게 함과 동시에 이를 극복하려는 의지로 동반승화(同伴昇華) 하게 할 것이다.

시인(詩人)이자 화백(畵伯)인 예인(藝人)으로써 살아온 시인의 육십 여년 생애의 경륜과 신앙적 사고가 저변에 자리한 묵중한 화첩과도 같은 시인의 시집 『나의 감옥』에 대하여 이 짧은 지면을 빌어 본인의 짧은 식견으로 더 이상 논한다는 것은 언어도단일 것이다. 하기에 본인의 우매한 눈으로 어설피 살펴본 시인의 심상들의 편린들을 딛고 독자분들의 혜안으로 김낙필 시인의 두 번째 시집 『나의 감옥』이 전하는 카타르시스(katharsis)적 배설(排泄)의 기쁨을 온전히 향유하시게 되길 기원 드린다.

*동류의식(同類意識) : 남이 자기(自己)와 동류(同類)임을 의식(意識)하고, 그 의식(意識) 아래 사람들이 서로 동포적인 친화감(親和感)을 갖는 것을 말함. 사회(社會) 결합(結合)의 근본(根本) 의식(意識)을 말함.

에필로그

시집 같은 건 평생 낼 일 없을 꺼라고
호언 장담해 놓고 두 번째 시집을 슬며시
세속 밖으로 내밀어 봅니다.
이 배신이 어떤 심사인지는 나도 모릅니다.
여하튼 어찌어찌 문 · 화우들의 격려에 힘입어
일을 또 저질러 봅니다.
품안에 자식일뿐 귀염받을 놈들도 아닌데
뭐하러 세상 밖으로 내놓고 타박을 받으려는지
이게 다 설익은 욕심 때문이 아니겠는지요.

세월은 어느새 살같이 지나
밀려밀려 어느새 저문 강가를 서성이고
사람의 길이 새삼 무참하기도 해서
하루 하루가 소중해지는 요즘입니다.
미운놈 떡 하나 더 준다고 이 시답잖은 글들을
이쁘게 봐주고 읽어주실 고운님들께
또 한번 고맙단 인사는 드려야 할 것 같습니다.
첫번째 시집 [마법에 걸린 오후]에 보내주신
과분한 사랑은 정말 많이 행복했었거든요.
이 계절에도 부디 풍성한 결실과 그 영근 영혼으로
더욱더 깊어지시길 진심으로 기원합니다.

수많은 별 중 이 지구별에서 우리가 인연이 되어
만난 것을 또 한번 경애합니다.

시집 발간에 격려와 용기를 주신 모티브,
예여울회, 화수회, 한국문학작가연합 식구들께
고맙다는 감사의 마음 전합니다.
바쁘신 와중에도 마다않고 기꺼이 편집 작업을
도와주신 무소유님께 고맙단 말씀 남깁니다.
이영옥 편집장님께도
귀찮은 작업 맡겨드려서 더없이 미안하고
죄송했다는…

어느덧
또 한번의 가을이 지나가고 겨울입니다.
올 크리스마스에는 부디 고독한 거리의 행인을 위해
멋진 산타가 되어 주세요.
이렇게 우리별 우리 모두에게… Namaste!!!

2014 갑오년 겨울
'과천' 미술관옆 마법의 방에서
자작나무숲 김낙필

나의 감옥

김낙필 시집

지은이 | 김낙필
발행인 | 李憲錫
발행일 | 2014년 11월 20일
발행처 | 오늘의문학사
출판등록 | 제55호(1993년 6월 23일)
주　　소 | 대전광역시 동구 대전로 867번길 52(삼성동 한밭오피스텔 401호)
전화번호 | (042)624-2980
팩시밀리 | (042)628-2983
홈페이지 | http://www.lito77.co.kr(홈페이지)
전자우편 | hs2980@hanmail.net

공급처 | 한국출판협동조합
주문전화 | (070)7119-1752
팩시밀리 | (031)944-8234~6

ISBN 978-89-5669-650-8
값 10,000원